利他，
最终成就利己

陈美琪 著

当代中国出版社
Contemporary China Publishing House
2020 年 · 北京

图书在版编目(CIP)数据

利他，最终成就利己 / 陈美琪著 . -- 北京 : 当代中国出版社 , 2020.1

ISBN 978-7-5154-0984-9

Ⅰ . ①利… Ⅱ . ①陈… Ⅲ . ①成功心理—通俗读物 Ⅳ . ① B848.4-49

中国版本图书馆 CIP 数据核字 (2020) 第 260918 号

出 版 人　曹宏举
责任编辑　陈　莎
策划支持　华夏智库 · 张　杰
责任校对　康　莹
出版统筹　周海霞
封面设计　闰江文化
出版发行　当代中国出版社
地　　址　北京市地安门西大街旌勇里 8 号
网　　址　http://www.ddzg.net　邮箱：ddzgcbs@sina.com
邮政编码　100009
编 辑 部　（010）66572264　66572154　66572132　66572180
市 场 部　（010）66572281　66572161　66572157　83221785
印　　刷　三河市长城印刷有限公司
开　　本　710 毫米 ×1000 毫米　1/16
印　　张　12 印张　200 千字
版　　次　2020 年 1 月第 1 版
印　　次　2020 年 1 月第 1 次印刷
定　　价　48.00 元

前 言
PREFACE

走一条无悔的路

我喜欢散步，也喜欢在车内看街景。有时静静地看，在众人眼中寻常的街边店面，常常就是我眼里最有趣的风景；马路边的各式店面，其实就是一个城市人民生活的具体展示空间。走走逛逛时常有很多惊喜，有时想想，如果实体店面完全被网店取代的话，那我们行走在街上会是多么无趣。

回首往事，自投入直销事业已有30多年的时间，这段时间我从运作中国台湾直销市场到大陆市场，走了很多路，看了很多东西，感触良多。2013年，我只身来到大陆，也许很多人会觉得“只身”很孤独，但我很享受自己独处的滋味。30多年的直销事业让我深刻地体悟到：如果人活着只是自己独享美好的事物或经验，而没有与人分享、为他人付出，是很悲哀的；如果我们可以给更多人带来欢笑、回忆与生活，是一件多么有意义的事情！

在独处中回首过往，30 多年来我看过无数人因直销事业发光发热，获得了成功，这些让人难忘，我也禁不住思索自己的存在。今年 52 岁的我，仍能活跃自如地生活着、存在着，因为我认为，一个人唯有竭尽所能，贡献所长，回馈社会，才能让自己的存在具有意义，而且活到老、学到老、做到老，无怨无悔，不枉费上天赏赐的时间礼物。

现今，直销不仅在世界各地掀起一股无法抵挡的热潮，更被普遍视为未来的趋势主流，它已吸引了全球人士的关注，而对于渴望掌握趋势与改变命运的人来说，直销更是充满了吸引力和魅力。但现实中的很多人不了解直销到底是什么样的销售精神，其实直销并没有想象中的那么复杂，直销强调的是“起心动念”，就是“走一条利他的路”。很多人认为“利己”与“利他”无法兼顾，在我看来，直销如果不能从“利他”出发，即为顾客着想，做出让顾客满意的产品，就没人会掏钱埋单，你想赚钱也赚不到；如果直销不能从“利他”出发，即为直销商及下属设想，做出让直销商“好卖”并“卖好”的产品，协助拓展市场，那你人都留不住，想赚钱也赚不到。企业经营与团队运作的意义同样也是如此。就像一家公司存在的目的与愿景，只是赚钱而非以“利他”（如关心员工、服务顾客与造福社会）为目的，那么这家公司便是没有价值的，也难以永续经营。直销市场竞争激烈，但是前景更加光明，因此经营者要有持之以恒的信念。我看过很多人进入直销行业时，一开始还能坚持理念，一旦赚到些钱就忘了初衷，有所偏离，最终导致失败！

面对巨大的直销市场商机、不断出现的产品、各类迥异的商业模式，很多人都心存恐慌，担心被社会大潮流所抛弃。其实，不管世事如何变幻，“利他”都是我多年来坚持的理念，同时我也是以这个信念经营直销事业的。不论是规划商品、服务和业务流程，还是培训与商业模式的引进，我都更多地考虑顾客与直销伙伴的利益，并不局限于赚钱。事实证明，只要是真诚利他的良心事业，就会得到消费者的支持，就能让直销商与企业赚到钱；而一味地追逐暴利，不顾消费者利益和社会效益，最终只能被社会抛弃。中国台湾如此，中国大陆更是如此，这一准则放之四海而皆准。

直销的发展从“机会导向”“产品导向”“制度导向”到“通路导向”，直至“整合导向”，随着直销的日益专业化，要想在直销事业中大放异彩，除了要有正确的心态和专业知识，更需要具备良好的运作技巧和方法，并且能够持续成长，强化竞争力。事实上，在讲究“复制”“传承”的直销事业中，绝大多数直销精英都明白这样的道理——快速与有效的成功方式，就是通过学习成功者的成功经验来缩短自己摸索的时间。通过学习成功者的案例与经验，可以快速掌握直销运作的各种技巧，可以知道经营直销事业可能会犯下哪些错误，避免走冤枉路，更有信心与把握迈向成功。

直销经验很重要。2013 年至今，我凭借自身经验带领了一家经营了 20 年的老牌直销企业，从 2013 年接手时的公司业绩 3.8 亿元到 2017 年的公司业绩 100 亿元，这期间我没有接受任何团队的平行转移，也没有接受任何团队的挂靠经营，只带着原有直销伙伴脚踏实地从进人、留人、育人一系列的战略中，成功地大幅提升了公司业绩，增加了经营人数，让公司从默默无闻到成为中国前五名的大直销公司。许多直销商经过辛苦耕耘，实现了几百万元甚至几千万元的收入，买豪车、买豪房，通过学习，提升竞争力，改变家庭的生活。我个人不但让公司赚钱，跟着我的业务同人也在我的积极争取下，每年都创下几十个月甚至上百个月的年度绩效奖金。四年多时间的实际操作，让我获得了更丰富的直销经验，这让我更加深信——直销是未来的机会，颇具竞争潜力！因此，作为直销从业人士，我不能不格外关注直销的发展与升级，毕竟这是关乎民生的产业，有其存在的价值。

本书谈到的议题，正是基于“学习成功”和“复制成功”的理念进行的规划，把为直销从业人员提供的最精准、成功的技术诀窍，完整而有系统地呈现在他们面前。因此，真正有心的直销从业人员可以通过学习本书及实操演练，在较短的时间内攀登直销高峰。

人生，宁可暂时辛苦一些，也不能让自己一辈子都辛苦！对于我们来说，不怕没有机会，只怕自己不改变；不用担心机会不出现，只怕机会来时，自己的实力不够、自己过去没有努力过！

每个人的生命都有低潮的时候，低潮容易让人沮丧、挫败、绝望，但每个人都必须怀抱梦想，让自己不断造梦、追梦、圆梦，因为只有坚持到底，成功才属于你！

陈美琪

2019 年 9 月 29 日

目录
CONTENTS

第一章

顺势而动，为更美好的风景而走

“不谋万世者，不足谋一时；不谋全局者，不足谋一域。”通观大局才能掌握大势，眼光长远才能成就事业！当前，世界和环境都以超出人们想象的速度在改变，中国经济已经在世界各国的惊呼声中超速腾飞，随着国民生活水平的提升以及对健康的关注，整个直销行业已经出现一个新的发展大拐点，这是不可逆转的大趋势。我们应该认识到：顺势而动，投身直销事业，将为人生创造更美好的风景！

1. 把握趋势，创业制胜

当今时代，社会以千倍的速度发生变化，世界和环境都以超乎我们想象的速度进行着改变，而“中国速度”更是令世人瞩目。互联网时代，马云用自己的创新模式构建了别具一格的阿里巴巴，中国高铁以每小时 390 千米的速度将国人的距离拉近……在这个讲究“快”的时代，如果不想让自己永远都是个打工者，不想总是跟在别人后面，想自己闯出一片天地，就要看准时间、抓住时机、把握机会。

（1）创业，是一种趋势

为什么要创业？因为创业是一种趋势！

中国自改革开放以来，创造了一个又一个的经济神话，奠定了在世界经济中的地位。从经济结构来看，过去中国地广人稠，人工成本较低，因此造就了一波“世界工厂”，出现了大量的创业型实体经济。随着生活条件的改善，人们创业热情空前高涨。现阶段，很多企业和个人也在寻找新的机会，走上了创业之路。

生存、利润与鹤立鸡群的成功，关键就在于把握改变的时机，让自己不断进步、不断完善。一味地沉溺在过去的成绩里，固守旧有的教条理念，必然会被高度竞争的现代社会所抛弃。所以，要想在激烈的竞争环境中制胜，就要敢于创新、敢于变化。

（2）寻找新机会，走创业之路

做得久的事业通常做不大，做得大的事业通常又做不久，这是传统事业的困局，也是传统创业投资的困局。

“与其经营别人的事业，不如经营自己的事业”，这是大多数人都知道的道理。但创业要考虑自己的资金状况，有多少钱做多少事，当资金不足时，也未必一定要“打肿脸充胖子”“砸锅卖铁卖房子”去争取创业资金。那么，如何经营自己的事业，走一条求新求变的创业之路呢？

当下，直销行业已经遍布在全国各地的多个角落，直销产品已经进入千家万户。作为消费者，永远都需要消费，不进入直销行业，不抓住直销机遇，只能被别人直销，被别人整合，成为直销人的消费群体。这是事实，不可更改！

目前，社会上已经出现了很多“门槛”很低的领域或项目，而在这之中，做直销就是一种可以选择的创业方式，选择了直销也就选择了一个高度自主、积极向上且具有前瞻发展空间的行业。在直销中选择正确的公司与产品，会让自己在这条路上走得更轻松；选择良好的制度，努力就可以得到公平合理的报酬，并发挥最大的倍增效益。

小故事

两个钓鱼高手一起到鱼塘垂钓。这两个人各凭本事，没多久，皆大有收获。

突然，十几名游客来到了鱼塘附近。看到两位高手不费力气就将鱼钓上来，异常羡慕，纷纷跑到附近商店，回来的时候手里都拿着一套渔具。这些游客按次序坐在了高手的旁边，也想碰碰运气。结果，这些游客因为不擅长钓鱼，一条鱼都没有钓到。

那两位钓鱼高手的个性有很大差异。其中一人很孤僻，不爱搭理别人，喜欢享独钓之乐；另一个人却是个热心、豪放、爱交朋友的人。这位爱交朋友的钓鱼高手看到游客钓不到鱼，就说："这样吧，我来教你们钓鱼，如果你们学会了我传授的诀窍钓到很多鱼时，每 10 条鱼就分给我一条，不满 10 条就不必给我。"游客欣然同意。教完这一群人，他又到另一群人中，同样也传授钓鱼技巧，依然要求每钓 10 条鱼回馈给他一条。

这位热心助人的钓鱼高手，认真地指导其他垂钓者，结果一天下来，竟然得到满满一大箩鱼，还认识了一大帮新朋友。人们都尊称他为"老师"，他的心理也感到异常满足。而拒人于千里之外的那位钓鱼高手，却没有享受到这种给人帮忙的乐趣，当其他人围在一起钓鱼时，他一个人孤零零地坐在那里。一天过去之后，竹篓里的鱼远没有同伴多。

故事启示与直销心法

当你帮助别人获得成功——“钓到鱼”之后，自然也会在助人为乐的同时得到回馈。这么美好的事情，有谁不愿干呢？其实，直销事业就是一份既帮助别人又帮助自己的快乐事业。这个故事告诉我们，单打独斗，不如建立团队。小成功靠自己，大成功靠团队。假如我没有能力，就与有能力的人合作；假如我没有时间，就与有时间的人合作。这既是直销事业的优势，更是直销事业的运作精神。

2. 直销是完美的创业模式

在传统行业中，人才、资金和设备是决定创业成败的三个关键要素，因此，缺乏上述条件的创业者想要成功，除非拥有突破性的独门技术，否则成功的机会微乎其微。现今环境下，集团化经营越来越鲜明，缺乏财力的创业者，就算有绝佳的创意也容易被规模大或者资金雄厚的财团吞并，没有什么竞争力。直销则为我们提供了一种可行的创业模式。许多人在了解直销前，从来不知道世界上还有这样一种创业模式，全然不用承担传统事业的风险，却又拥有丰厚的报酬。由此可见，直销可以说是一种完美的创业模式。

（1）传统行业的创业四要素

创业必须考虑四个要素，分别是资金、利润、风险和附加价值。

就资金来说，就算有些机会再好，如果投入的资金超过自己所能负担的额度，那么这个机会就不是我们所能把握的。在传统事业中，就资金方面来看，时下最流行的咖啡厅、餐馆、美容事业等大约需要准备 100 万元的资金，店面的大小与规模所需要的资金会有些许的差异，但除了初期投资外更需准备好备用金，而这只是单店，如果是两家店、三家店或者更多店，资金的负担会随之加大。

就利润方面来看，传统事业就算有高达50%以上的毛利，但扣掉店租、人事和营销推广等众多的开销后，有10%左右的净利就算是不错的了。

就传统创业所承担风险方面来看，由于传统事业投资额度比较高，利润相对较低，且资金回收期长，交易往往通过“签账”或“支票”的方式往来，如果遇上一两次的“呆账”或“跳票”，资金的损失往往让很多创业者无法承担。加上每月的人事及营销等费用及折旧，为了提升自我的竞争力，势必追加投资，这些都增加了传统事业经营的风险。

就附加价值方面来说，经营传统事业可能带给人们“安全感”，觉得有自己的店面和事业，但是，这些“安全感”需要通过每月大量的费用成本来保障，所以这份“安全感”，让创业者更有压力、害怕失去，反而变得更没有安全感。

（2）直销创业模式的四要素

直销创业模式也需要考虑资金、利润、风险和附加价值这四个要素。

就资金而言，在直销创业中，投资的资金可因条件不同量身打造，且可换回等值或超值产品，因此可以说没有任何资金上的损失就可以拥有一份事业经营权。

就利润的角度来看，直销创业中大部分公司至少都发放超过40%甚至高达60%的奖金，扣除税金后除了少许交通费，绝大多数的利润都是“净利”，这正是直销创业“高付出、高报酬”的关键所在。

就直销创业所承担的风险程度来说，直销因为低投资（甚至是零资金投资）高利润的特性，就算无法成功经营，也只是把产品变为自我消费，让自己变得健康美丽，所承担的风险也就趋近为零。

就附加价值的层次来说，除了创造更多财富外，直销创业本身所拓展的人际关系，所获得的学习成长，甚至之后的时间和自由，都可以让直销创业者创造出更多的附加价值！

（3）传统创业模式与直销创业模式

在经济高度发展与企业经营模式不断整合的情况下，在未来越来越大型化与集团化的创业趋势下，传统创业的难度越来越高，创业的“门槛”也相对变高，因此，要通过传统创业致富的难度日益增大。相比之下，直销事业可以让缺乏足够资金的人和具备庞大资金的人拥有相等的成功机会；而且在经营过程中，直销从业者不必像经营传统事业那样将毕生积蓄投入进去或者承受银行贷款的巨大压力。直销因“无店铺行销”核心精神所延伸出的“低资金、低门槛”，为许多无法累积足够的资金进行传统创业的人们开启另一扇成功致富的门。

总而言之，传统创业模式所需要的资金一旦超出自己所能负担的范围，就必须承担大的失败风险，而直销创业模式比传统创业模式更有优势，诸如少资金、高利润、无风险、多附加价值等，如表 1 所示。因此，只要观念跟得上，直销创业模式值得接受。

表 1 传统创业模式与直销创业模式的比较

四要素	传统创业模式	直销创业模式
资　金	所需资金额度高，超市一般需要 100 万 ~250 万元，连锁咖啡、餐饮一般需要 100 万 ~200 万元；营运周转金一般为 6~8 个月（以上仅是单店与初期成本）	所需资金额度低，并且可以依条件量身打造。同时，投入的资金可换回等值或超值产品
利　润	50%~60% 毛利。净利 = 毛利 - 房租、人事营销等费用	40% 以上的净利
风　险	资金回收期长、容易有呆账，设备技术再投资	风险几乎为零
附加价值	安全感的代价更高	时间自由、累积财富（被动型收入）、学习成长、人际关系等方面的优势

比尔·盖茨曾经说过：“21 世纪最成功的事业，是人际网络和网际网络结合在一起的事业。”上面这段分析，正好印证了比尔·盖茨所说的话。简而言之，直销模式就是通过系统创业，通过人际网络创业，用最小的资金和风险创业。

小故事

一天，一个 20 多岁的年轻人急匆匆地走在路上，他急着赶路，完全不顾路边的景色与过往的行人。突然，一个路人拦住了他，问：“嗨！朋友！你为什么走得这么匆忙？”年轻人没有停止脚步，飞快地向前赶，冷冷地说："不要挡着我，我在寻找机会！"

转眼20年过去了，小伙子已经人到中年，他依然在路上疾奔。又一个人拦住他："喂，朋友，你在忙什么呀？""别拦我，我在寻找机会。"已经变成中年人的小伙子说。

又一个20年过去了，这个中年人已经成为面容憔悴、两眼昏花的老人，但他还是在路上一步一步地挣扎向前挪动。一个人拦住他："老人家，你还在寻找你的机会吗？""是啊！"当他回答完这句话后，猛然一惊，一行热泪掉下来。其实刚才问他问题的那个人，就是机遇之神。他寻找了一辈子机会，机遇之神其实就在他身边，只是他急于寻找而没顾及。

故事启示与直销心法

不要总是怨天尤人，不要给自己限制范围，机会就在身边，抱怨没有用，把握每一个可能的机会，再平凡的你也能做出不平凡的事来。机会时时都在你身旁，只是看你懂不懂得去把握，一路上只知道急匆匆往前赶的人，怎么能抓住机会呢？有时候不妨停下脚步，歇一歇，再重新定位、重新出发。想想"行到水穷处，坐看云起时"……

3. 直销经营六大核心价值

人类因梦想而伟大，勇于追求梦想，是人类存在的价值。然而，对于社会上的许多人而言，随着年龄增长，往往碍于现实环境而将梦想逐渐缩小，甚至放弃梦想，那是因为他们缺少实现梦想的路径。直销也许不是唯一能帮助人们实现成功的途径，但从其各种优势来看，它是能满足人生需求的选择。毕竟，在“选择比努力更重要”的时代，直销是最佳的创业模式。具体来说，经营直销事业具有以下六大核心价值。

（1）时代趋势

谁能了解趋势，谁就能掌握成功的契机。比尔·盖茨在硬件当道的时代看到未来软件主导一切的趋势，成就了微软并独霸全球。马云看到互联网的网际网络的销售趋势，打造了“阿里巴巴帝国”，其销售震撼全球。比尔·盖茨和马云都看到了直接面对客户进行量身打造的趋势，最终成为第一，可见把握趋势的重要性。

直销创业模式打造的通路和品牌更是当前行销主流，再加上符合人们追求自主创业与时间自由的双重需求，甚至运用“连锁加盟”的概念，延伸市场并打破了销售区域的限制。这种种优势的强强结合，让直销成为当前人们追求成功人生的最佳选择。

（2）自主创业

据统计，全世界的成功人士有 70% 是通过创业致富的。同时，创业过程可让人获得成就感以及自我理想的实现，因此，社会越进步，创业风潮就越兴盛。

传统创业模式一般需要庞大资金，由于其常常受到技术、经营能力及经验等因素的制约，因而承担着极大的风险，一旦失败可能导致一辈子负债。直销在世界各地不断兴起，吸引越来越多的人相继加入，其中的核心就是低投资、高利润、零风险、高附加价值，可以说是当前财富累积趋势下的最佳创业模式。

（3）财富经济

“钱不是万能的，没有钱却是万万不能”。这句话贴切地反映了我们身处的现实环境。这是因为，拥有财富的意义不仅是金钱，更重要的是当人们拥有足够的经济条件后，才有足够的能力实现人生梦想，给予所爱的人良好的生活环境与生活条件，也才能更自由地享受生活。

直销行业的特性是获得“倍增力量”的连锁加盟效益，并通过服务稳固的消费网，发展组织通路，建造被动性收入，通过彼此合作，创造最大效益。所有这些，都让直销从业者在付出后获得意想不到的财富。

（4）学习成长

过去在传统事业领域里，往往仅限于某个领域的钻研，而直销事业全然不同，无论是专业知识、态度、运作技巧等，各方面都能够得到全面的提升。因此，很多投入直销创业的人在经营一段时间后，最大的体会就是个人的提升与成长，不论是个性、观念、视野格局，还是生活态度及人生观，都会有新的改观。其实，“活到老学到老”不仅是一种积极的生活态度，更是让人生更为丰富与精彩的关键。

（5）圆满家庭

一个人创造了辉煌的事业，拥有人人羡慕的财富，如果付出的代价是家庭或生活失去平衡，这样的人生是有缺陷的。为何经营直销事业可以兼顾家庭？对女性经营者而言，直销运作可以用比较弹性的时间来经营，其中的过程不用像许多上班族或传统老板那样必须牺牲陪伴小孩成长的时间；而男性经营者也可以请另一半发挥软性力量，相辅相成，不仅有共同的话题和生活目标，也不会因为事业与生活领域的不同而产生疏离。许多直销家庭的经营模式是父子、母女甚至全家人一起经营，这说明通过直销事业让家人的关系更为紧密以及家人共同成长。

（6）附加价值

直销最迷人、最吸引人的地方在于经营这一事业有着无限的可能，处处充满惊喜。在我自己经营直销事业 30 多年的过程中，看到了许多伙伴原来缺乏保养甚至没有健康观念，但在直销经营过程中，因其学习吸收了许多正确之事，又潜移默化地受到其他人正确生活态度的影响，所以改变了以前诸多不良生活习惯。也有些人在经营过程中因为环境的影响，由原本极度缺乏自信转变为能够肯定自我价值。这些都是直销产业带来的附加价值。当然，直销产业因为每个人状况不同，所得到的附加价值也不同。

小故事

有一个人在高山之巅的鹰巢里抓了一只幼鹰，然后把它带回家中饲养。幼鹰被关在鸡笼里，每天和其他的鸡一起啄食、嬉闹和休息。

这只鹰慢慢长大，羽翼丰满了，主人想把它训练成能飞翔天际的猎鹰，可是由于终日和鸡混养，它已经变得和鸡完全一样，根本没有飞的念头和能力了。主人尝试了各种办法，都没有任何效果，最后，他把这只鹰带到山顶上，准备强行试飞。他把鹰从断崖扔了出去，开始，这只鹰像石头似的直直掉了下去，慌乱之中它拼命地拍打翅膀，最后终于飞了起来。

故事启示与直销心法

鹰的试飞成功，有着巨大的意义！对于猴子，就要让它去山里折腾；对于巨龙，就要让它到大江大河翻腾。既然人家是一条龙，就不要限制它，不能把它当一条虫。“知识就是力量”，每个人都不应该被禁锢，而应“海阔凭鱼跃，天高任鸟飞”。如果一个人有能力、有抱负，就要让他在社会的大海中尽情遨游；尤其是年轻人，更要鼓励他们到广阔的天地一展身手。

鹰试飞成功对直销来说意义同样重大！唯有克服陋习，敢于“试飞”，才能把握机会，获得成功。印度著名诗人、哲学家泰格尔曾说：“如果错过太阳，那么你也会错过群星。”这就是说，如果你错过一次机会，便很有可能错过第二次，因为习惯是很难改的。所谓“机会是留给做好充分准备的人的”，要想成为伟人，就应该利用好所有的机会。幸运的机会好比市场，稍有犹豫，价格就变，如果没做好充分的准备，未来势必输在起跑线上。“弱者等待时机，强者制造时机”，这是居里夫人说的。事实上，没有一个成功者会只等待机会，没意图就没有机会，因为只有在有意图的构想下，“机会”这个名词才有意义。

有一次我在东北辅导市场时，有位伙伴跑来问我：“总监，你讲的事业经营法则我们都觉得非常实用，也很落地，但是，我不知道自己是否适合做直销？”我问她：“你自己觉得呢？”她想了一下回答：“我觉得不是很适合！”我接着再问她：“你为什么觉得不适合？”她说：“我年纪不大，人脉不多。”我问：“还有其他原因吗？”她又说：“我个性很内向，不会交际与说话。”我再问：“还有其他理由让你觉得自己不适合做直销吗？”她说：“我从来没有销售的经验，不知道怎么卖东西。”我看她若有所思，又问她：“还有其他原因吗？”她想了一下，不好意思地问我：“这些理由还不够吗？”我笑着回答她：“假如你的人脉很广，又善交际，也能言善道，然后又有丰富的销售经验与技巧，应该早就成功致富了，何必还要困扰于要不要借直销事业帮助自己完成成功梦想？”

其实，大多数人加入直销事业时，通常都会怀疑地问自己“我真的适合吗？我做得起来吗？”接着就如同往常一样，惯性思考，开始让一连串负面信息进入头脑，开始担心，诸如，“我认识的人不是很多，而且好像都不喜欢直销”“我是家庭主妇（打工族），从来没卖过东西，怎么做呢？”“我还有工作又要兼顾家庭，时间不够，有办法再做直销吗？”于是，许多伙伴还没跨出第一步就打了退堂鼓。

剩下的那些伙伴虽然也不确定自己到底适不适合，但还是想试一试。其实这个“试一下”的心态很糟糕，因为一旦存有这样的心理，我们就不会全心投入，得靠上级或老师推一把，才勉强动一下，既缺乏行动力，更缺乏坚持的决心，结果只会是成绩不好且受到的挫折也多。于是，过了一段时间后，他们就可以理所当然地告诉自己说：“看吧？我早就知道自己不适合做直销！”这是直销界普遍存在的问题。

在过去 30 多年经营直销事业过程中，我曾经多次分析那些在直销事业上登峰造极、表现卓越的伙伴，虽然他们都具有认真坚持的共同特质，但不管在文化背景、个性、人际关系还是工作经验等层面上，他们又都存在很大的差异。因此，我们应该清楚，没有特定类型的人才适合经营直销事业，也不是少数特定类型的人才能把直销事业经营成功。

直销事业之所以迷人，除了能借由“倍增原理”帮助人们快速成功致富、学习成长外，更重要的是，相较传统事业，直销是最不讲究学历、背景或个人条件的事业，直销成功的关键在于有效的组织运作、借力使力的杠杆力量，以最小的力量收获最大的成果。就像我在东北辅导市场时指导的那位伙伴一样：就是因为口才不好、个性内向，所以需要在直销的工作环境下主动改变；就是因为人脉不足，所以需要在直销中拓展人际关系；就是因为信心不足，所以需要在直销事业中不断学习，培养领导力；就是因为销售经验缺乏，所以需要经营直销，借由实际的操练获得现代人生存的最重要的技能。

在经营直销事业过程中，每个人都要对自我建立一个重要的观念：没有不适合经营直销事业的人，只有没有找到正确方法的人。我们在推荐新伙伴加入时，就必须给他们灌输这样的心态，如此一来，伙伴坚定这样的想法，才不会有“试试看”的心理，也才不会在“被动”与“怀疑”中快速“阵亡”。

第二章

把握要点，为更美好的人生而走

每一个直销人员都应该有自己的思维、自己的判断。直销的朋友一定要多方位了解直销，清楚其关键所在，不要仅停留在表面。人们常说『选择比努力更重要』，说到底，做直销还是要把握住四点，即选择好公司、好产品、好制度、好团队。企业、产品、奖酬制度和团队是成功直销的关键，也是直销实现永续发展的保障。本章分析这几个关键因素，希望直销从业者在实务操作中能够迈出坚实的步伐。

1. 选择正派经营的直销企业

直销企业主如果没有完善的经营理念与企业蓝图，只知道发展组织团队达到盈利目的，那么其经营寿命就无法实现永续。在30多年直销生涯中，我看到过无数企业的兴起与衰败甚至最后消失，但更多的是企业因企业主的理念明确且能尊重专业经理人才的专业经营，最终创造了真正“利他”的创业环境。因此，选择一家好的合作直销企业，是需要直销从业者认真考虑的，比如，企业主是否能明确描绘自我经营价值与理念，专业经理人是否有明确的领航方向与发展策略等，都是值得注意的要点。

（1）直销企业价值取向的考虑

直销，之所以容易在最短的时间里有所成就，就是因为只要我们付出努力，秉承“倍增原理”，就能大大缩短成功的时间，减少中间的波折。

直销，绝不是通过牟取暴利或不正当手段来快速致富，也不能妄想一朝致富。为了吸引加入者，有些公司总会夸大成功的速度，例如，“加入半个月就能赚多少钱”“运作三个月就能达到年薪百万”等。每次看到这样的宣传语，我都会为那些稀里糊涂、缺乏判断力的人担心。因为大量事实告诉我们，这些公司多半都不正规，往往炒作之后就宣布倒闭，将钱卷走，消失得毫无踪影，跟风加入的人只能大呼“上当受骗”。

正是这个原因，也让人们对正规的直销行业产生了误解，忽视了直销积极、行动、正向合作的价值性。对于我们来说，信用是最珍贵的资产，一旦决定在直销事业中做出一番成绩，就要慎重选择公司，重视公司产品、经营理念、培训支持和社会责任等内容，并对这些内容作出客观的判断。

（2）选择什么样的直销公司

从实操角度来讲，选择直销公司，需要注意以下三点。

一是要合法。要想做大直销，一定要选择合法的公司。

二是衡量公司的综合实力。公司的研发实力、人才实力、资金实力（在中国的投资规模），决定了公司的永续性发展，试想一个稳定的、投资巨大的公司怎么可能一夜间就破产呢？

三是查看企业文化和公司的诚信度。选择直销公司的时候，要看看这家公司是否坚持“以人为本”？虽然企业的目的是追求利润的最大化，但只有坚持“以人为本”，才能不断地获得利润，才能为消费者生产出品质不错的产品，才能充分保证经销商的利益。

总之，直销给我们带来的是一个长期的事业发展机会，靠“复制”和“倍增”让我们成功，这就客观决定了我们选择的公司必须是合法、永续经营的公司，而不是赚点“快钱”就跑的公司。直销是做得越久倍增越可观的生意，做不久的直销生意，我认为不做也罢。

小故事

有4位观光客到美国大峡谷旅行，因为在当地要想看遍美景，就必须搭乘能够低空飞行的小飞机，尽管他们很害怕，最后还是搭乘了这样的飞机。当飞机飞到一半，机长突然广播说：因为飞机机身太小，今天遇到的乱流非常严重，所以恐怕无法安然度过此次危机，请机上的乘客赶紧利用椅子下的降落伞，准备逃生！

正当4人准备要拿降落伞时，突然发现飞机上只剩下3个降落伞了。于是，第一个乘客出来说："我是国际大企业老板，手底下有几万名员工，现在经济非常不景气，我的责任非常重大，万一我在这次空难事件中丧命，将会影响数以万计的家庭，所以，我先走一步了。"说完，拿了降落伞就跳了下去。

第二个人站出来说："我是民选议员，每天要帮人民请愿、审预算、立法案，责任非常重大，也绝对不能丧生。"于是，他也拿了降落伞往下跳，逃生去了。

剩下的是一对父女。爸爸看到这种情况，就告诉女儿说："前面两个叔叔，一个是大老板，一个是议员，都非常重要，都先走一步了，现在只剩我们父女两个，你未来的日子还长着，剩下的降落伞你赶紧拿去逃生吧！"

这时女儿用不解的眼光看着爸爸，说道："不用啊，我们还有两个降落伞呀！"

虽然当时情况已经相当危急，但是听到女儿这么说，父亲还是非常生气，就说道：“又乱讲，平常叫你好好学数学，三个降落伞去掉两个怎么还有两个呢？”

“爸爸，真的还有两个，刚刚前面的两位叔叔不知道紧张什么，其中一个背着我的书包跳下去了。”女儿说。

故事启示与直销心法

人在忙乱中往往容易失去判断力，就会使自己陷入更大的危机。在经营直销事业过程中，首先必须全面了解公司，这是走上成功之路的第一步。

选择直销事业，需要对公司、产品、制度和系统做出选择。这个过程犹如一个人爬梯子上墙，公司就是搭梯子的那堵墙，支撑着整个梯子的重量，爬到中途，墙倒了，梯子和你都会摔下来。产品就是梯子中间的多级阶梯，其坚固与否决定着爬梯人的安全。一旦阶梯断了，即使墙壁再厚实再坚固，你都会摔得很惨。制度犹如梯子两边的竖架，其长短决定了你能爬到多高，如果竖架太短，你永远都无法达到理想的高处；如果竖架太长，根基不稳，就会直接翻过去。系统就是教你爬梯子的老师，使用正确的方法，就会事半功倍；方法错误，不管硬件有多好，也毫无益处。

总之，要想爬上墙头看风景，上面的这些内容都很重要，缺一不可。

2. 产品是核心，不销而销

直销的基本精神源于产品带来的“口碑”，因此产品是命脉。直销企业对产品的要求需高于其他产业，才能建立最稳固的消费网。只有质量优良的产品才能让消费者受益，比如获得健康或其他物质享受。

（1）好产品的四个重要方面

产品的适应面很重要。在中国，需要适应中国国情。当然推广也异常重要。例如，某口服产品功效显著，为了在市场中扩大宣传，就要符合中国人的消费水平，口感要好、效果要佳。此外，公司生产产品的态度也很重要，直接关系着产品的质量。一定要记住：直销只是一种先进的销售方式，产品必须质量过硬，因此，要想让事业持续发展，就要选择合适的产品。总之，一个好的产品离不开较高的品质、适中的价格、消费的循环、市场的占领，这四个方面缺一不可。

（2）产品研发与生产：严把质量关

有些公司不知从哪里找来产品，以为用奖酬制度包装就是产品，以拉人凑数的方式来吸引人，甚至用非法传销“拉人头”的方法，到最后又是一群人受骗。有些公司则产品线紊乱，没有系统地建立生产线，并在无业务方向与策略下，只会拿产品搞促销、做活动，造成恶意囤货，最后放到二手市场，不但伤害团队利益，更严重的是损害了企业本身。还有些公司不珍惜市场口碑，在发展顺利时却只想着节省成本，不惜降低产品质量，这样的直销企业最终影响人们对直销事业的观感，对那些真正用心、合法规范经营直销事业的伙伴真的不公平。

直销企业的产品研发，只有掌握核心技术与理念，才能掌握市场销售的独特性，其产品线才能多元化和多角化。最重要的是，为了确保消费者的安全与效能并行，产品品质的效能还要始终如一。

对于以上这些，直销企业主必须严格把关。我曾为一家企业注入了这样的产品核心理念：不做夸大不实的传述与报道；所有成就都能让消费者目睹；不让消费者花冤枉钱。这是我对自己经营直销事业的坚持，更是直销企业主最应该具备的共同使命与责任。

（3）产品推广：将产品生活化

在武侠小说中，剑术高手一定是“心剑合一”，达到了最高的武学境界。同样的道理，在销售过程中要想创造最高的业绩表现，一定要将产品与生活结合，让产品的使用成为生活的一部分，利用每一个机会将产品分享推广给每一个需要的人，即将“产品生活化”这才是真正掌握了产品的精髓。

将产品生活化，我们才能更深入体验产品真正的价值以及清楚掌握如何把好产品用在我们的生活中，发挥其最大的功效。一旦将产品与我们的生活结合，我们对产品的见证才有生命力，才能发挥热情，才能有效感染对方，达到“不销而销”的最高境界。

小故事

一个老木匠打算退休，回家与妻子儿女共享天伦之乐。当他将这个决定告诉老板的时候，老板再三挽留。因为他的技艺很棒，掌握着一手绝活。可是，老木匠下定了决心，不为所动。老板不愿强人所难，只好答应，然后问：“你能否在离开之前，再帮我建一座房子？”老木匠毫不迟疑，爽快地答应了。

盖房的过程按部就班进行着，老木匠早已将具体的工序熟记于内心，工作起来自然轻车熟路。可是，只要一想到马上就要跟妻儿团聚了，他就心思翻涌。想到自己马上就要离开，他在用料方面也就不那么讲究了，做出的成品远不如往日的水准。

老木匠将做好的房子交给老板，老板一眼就看出了端倪，可是他没有说什么，只是将钥匙交到了老木匠手里，说：“这是你的房子……我送给你的礼物。”

老木匠愣住了。他感到又后悔又羞愧：自己从业以来盖了很多好房子，今天这幢最粗制滥造的房子，原来是为自己建造的。

故事启示与直销心法

不管是做人，还是做事，都要负责任，否则，都可能在未来的某个时刻由自己来承担后果。负责是一种态度，每做一件事情，都是在为自己的未来铺路，都是在为自己“建房子”。缺乏责任感，可能最后承担不负责任后果的人就是自己。不负责任，生产不出好产品，不仅会害了别人，也会害了自己，千万不能像故事中的老木匠一样。

就直销而言，一家好的直销企业必须认真对待由自己负责的事情，具体到产品上，就是必须做好产品研发、产品生产及产品销售计划，只有这样，方能建立稳固的具有回购率的消费网。

3. 公平合理的奖酬制度

奖酬制度是直销人员非常重视的，因为这是对维持生活、实现理想的最大支持，因此每家公司及每套制度的设计与执行，只要了解其操作方式，然后努力行动，就能赚到钱。不管游戏规则如何，既然这套制度能问世就一定有它赚钱的方式！

（1）奖酬制度必须公平合理

公平合理的奖酬制度是直销公司的灵魂，因为奖酬制度的规则会影响直销商的做法，进而发展出各自不同的、可预见的团队形态，而不同的团队形态又会产生不同的直销运作文化。奖酬制度就是游戏规则，想在游戏中获胜的人，一定要很清楚游戏规则。做直销成功的人不多，其原因之一是懂游戏规则的人不多。直销经营者必须深刻了解制度的精华，才能在游戏规则里获利。

（2）适合的制度才是最好的

对于直销制度，没有最好的，只有最适合的。从大的方面来说，直销制度相当于市场计划。简单来说，市场计划就是一种分配方式。所谓市场计划就是：几个人或几十个人组成一个团队，为直销企业创造销售业绩，企业拿出一部分利润给这些人进行分配。

有的市场计划可能对初期的经销商有利，有的市场计划可能会对高级的经销商有利，有的市场计划则会兼顾平衡。因此，没有所谓最好的市场计划，不同的市场计划适合不同的人群。而直销最重要的特点就是进行大众化推广，让市场计划适合普通大众，保持更长久的生命力。

因此，如果想从事直销行业，最重要的就是判断制度是否有“坑”。比如，如果一个地区从事某个直销业的人很多，成功的很少，就说明该制度不易操作，不能帮助普通人获得成功。许多制度根本做不大或难度太大，作为普通人，需要的是可行性大的制度。

（3）直销制度选择要点

喜欢思考的人不多，坚持思考的人更少，既坚持思考又能付诸行动的人则是凤毛麟角。换个角度来说，喜欢钱的人很多，喜欢把直销赚钱的游戏规则弄清楚的人却很少，所以这个世界上成功者稀少，原因就在这里。那么，选择直销制度需要把握哪些要点？

一套好的制度应该同时兼顾新人市场的启动、中层的发展与高阶团队的稳固，也就是能兼顾“大、稳、强”。基于此，直销制度选择的要点在于：第一，零售奖金与推荐奖金能否维持基本生存；第二，组织分红与团队壮大的密切性；第三，优势奖励与文化落实要兼顾。

小故事

我进行市场辅导时经常被问到这样一些问题：总监，某公司加入“门槛”较低，为何我们的这么高？人家的公司没有小组业绩，为什么我们公司小组要这么高的业绩？人家公司直推部门两人就可启动，我们公司怎么要10个合格部门才能启动？为何公司的业绩分红这么少呢？人家公司的奖酬比例有70%，为何我们公司的奖酬比例这么低？其实，要先问的是你是否了解运作方法和愿意行动，如果不了解运作方法甚至不愿意行动，即使奖酬拨比100%给你，你也会把它做成0！

也常有伙伴问我：总监，那家公司制度不好做，我朋友做到××级别了，一个月才领那么点钱！其实，级别只是奖金计算的标准，只是迈向成功过程的里程碑，级别不能代表能力，也不能代表收入。想想看，如果公司给你50%的奖金，而你的业绩是零，那你的奖金该是多少呢？很多人赚不到钱就说制度有问题，始终没有检讨自己的业绩和分布状况。直销级别固然重要，因为那代表努力的目标，也代表团队发展的规模，但如果把级别操作成空有级别没有框架甚至买卖排空框架，有级别但团队没人甚至能力跟不上，那么级别比起真正的实力就微不足道了。

故事启示与直销心法

“天下没有免费的午餐”，这句至理名言在直销产业中一样有效。因此，我们要明白直销是要坚持三五年的努力才见“成果”的，而非不切实际地做三五个月就想拥有超高收入。所谓“辛苦一阵子，享受一辈子”，它的正确意义在于：用 2~3 年的时间奠定扎实稳固的基础，用 3~5 年的时间让努力开枝散叶，用 10 年时间持续让效益倍增，让以往努力获得的甜美果实源源不绝地回报于你，从而赢得富足的人生。

4. 要向前看，不要“向钱看”的团队

谈到直销，总被认为一切“向钱看”。如果单以金钱为目的而缺少理念的团队是没有前途的，当有利益时大伙会聚集在一起，当业绩不是很好时则会四分五裂、互相埋怨，根本没有向心力与凝聚力。单以一己私利为目的而缺乏感情互助的团队，人人各怀鬼胎，把下属当下人对待，这样的团队无法借力使力，成就稳固的团队文化。

好的直销团队要向前看而不要“向钱看”，这就需要加强直销团队的建设与管理，并切实发挥团队领导者的作用。

（1）加强团队建设与管理

团队建设与管理是事业发展的根本保障，团队的永续发展取决于团队的建设与管理。为了打造向前看的直销团队，应重视以下四点。

第一，制定团队目标。作为一个团队的领导人，需要为团队设立一个具有挑战性的目标，并鼓励每位成员的团队协作精神。当大家意识到全力以赴才能实现这个目标时，一些内部小矛盾就会逐渐消失，形成一个更加紧密、高效、团结的直销团队。

直销团队领导者在制定团队目标时，要使目标具有明确性、可衡量性、

可接受性、实际性、时限性的特点。为此，需要清楚本团队目前的实际情况：团队处在哪个发展阶段？组建阶段、上升阶段还是稳固阶段？团队成员存在哪些不足、需要什么帮助、斗志如何，等等。

第二，营造直销环境。领导者要为集体着想，努力营造一种支持性的直销环境，留下足够的时间让大家沟通交流，相信成员有能力取得好成绩。如此，不仅可以让团队成员互相信任，还能进一步促进团队协作。

第三，打造直销文化。一个能永续发展的直销团队必定有团队文化，并通过文化的力量发挥潜移默化的作用。创建团队形象、团队名称、团队标志、团队精神，让团队成员产生自豪感，并成为团队成员的精神动力。

第四，做好团队激励。销售，需要与“拒绝”打交道。在团队建设过程中，很容易与别人的观念发生冲突。只有懂得坚持，才能将直销事业做好。而要想做好这一切，最大的挑战就是自己。因此，团队成员需要被激励，领导者激励工作做得好坏，直接决定着团队士气，影响着团队的发展。

所谓激励就是，通过一定的手段，满足团队成员的需要和愿望，调动他们的积极性，让他们主动自发地把个人潜能发挥出来，保证既定目标的实现。直销事业的管理特点是用激励代替命令，激励的方式有多种：树立榜样、培训、表扬、奖励、旅游、联欢、庆祝活动等。

（2）发挥直销团队领导者的作用

一个好的团队除了人的要素以外，还应当包含众人皆能自觉遵循的感恩文化与行为规范。而无论是人的因素还是文化与规范的因素，团队中领导者的作用都是至关重要的。

在直销团队中，一个成功的领导者要具备三个角色功能：一是学习的典范，能与伙伴们分享自己的经验与实际成绩；二是成功的教练，能够将运作直销事业的方法与技巧教给伙伴，并能制订完整的训练计划，让伙伴能行之有效地提升能力；三是成功的“啦啦队队长”，随时保持高度的兴奋为伙伴们加油打气，在业绩落后时不断给予鼓励，重新激发起伙伴们的斗志。

感恩文化是直销事业能够持续发展的关键，好的团队领导人懂得感恩，感恩上级领导、感恩公司、感恩所有帮助他的人。这种感恩不是虚有其表，不是“人在情在、人走茶凉”，这样的团队领导人将无法赢得尊重，更不会让团队伙伴心悦诚服地与他共同打拼。懂得感恩，就会珍惜；懂得珍惜，就没有怨怼；没有怨怼，团队就会充满正能量。

让我们的直销团队拥有愿景、理念，让伙伴产生使命感，承担自我对团队和伙伴的使命与责任，不单以利益和金钱作为出发点，才能发展健全的团队，成为直销事业的赢家。

小故事

在非洲大草原上，如果羚羊在快速奔跑，后面一定有狮子追来；

如果狮子在快速跳跃，后面紧跟着的一定是大象；如果狮子和大象都在一起奔命，后面一定有成千上万的蚂蚁。蚂蚁的个头微小，我们只要动动手指，就能把它们消灭掉，但只要联合起来，它们就是一个团队，黑压压的一大片蚂蚁，连草原霸主狮子和大象都害怕，都要退避三舍。

故事启示与直销心法

这个故事让我们再一次认识了团队力量的强大。即使是弱小的个人，只要融入团队，就能变得不一样。在团队中，个人不仅可以更好地学习知识，还能提高自身价值，更有利于团队开展工作，提高生产力，提高效率。严密有序的集体和高效协作的团队可以让你做得更加出色。直销团队的建设很重要。

身为市场领航人，最近这四年，我来往于机场与会场，紧紧把握业务方向与战略。每次辅导市场或讲完课后，总会有人问我：“总监，讲课时间这么长，一定非常消耗体力，异常辛苦，您是如何在每次讲课和辅导时都保持较高的热情与活力的？”

其实，我从来都没有想过这个问题，只觉得既然大家信任我、愿意跟随我创业，我就需要尽全力给大家最好的。但是仔细想想，在密集的市场辅导和讲课生活中，还要规划各种业务策略，扛着业绩压力，与各部门协商培训计划与教案编写，甚至写作进修，日子虽然过得充实，但压力确实很大；再加上身体有时不适，确实很辛苦。可是，朋友们既然投资了金钱与时间来跟着我创业，我就有义务给他们最好的资讯、最有激励作用的表现。

第三章

做好准备，为更自主的人生而走

经营直销事业是在更短的时间里创造更高的成绩、成就以及更高的收入，因此过程中必然会遇到许多我们意想不到的状况。想成功就得做好准备，包括心理上的准备、创业条件的准备、学习的准备、改变的准备、专业的准备、思想的准备。只有做好准备，才能在面临困难时临危不乱、从容应对。

1. 心理上的准备——有正确的心态

态度对了便能思考问题、解决问题，态度如有偏差，则会陷入问题中无法自拔，所以一定要从一开始就有正确的态度。哈佛大学的研究者发现，成功的85%来自内在的态度，15%来自外在的专业技巧。许多直销专家则表示，直销事业的成功有99%来自心态。

（1）有老板的心态

身为直销企业家，自己当老板，就应该凡事有担当，能够负起责任，而这首先需要的就是一个正确的态度。例如，自我定位，因为一个人的格局决定了他事业的版图；积极主动的心理准备，要从失败中学习、在失败中坚持，坚持到底，绝不放弃，同时必须对自己经营的事业有100%的信心和决心，有追求成功的热情与企图心，热情是成功的驱动力；能够排除众议，成功者一般都能够排除众议，许多人不成功是因为太容易受到别人的影响。总之，最需要的心态就是老板的心态。

在直销企业里，老板的心态就是拥有者的心态，要把企业的事变成自己的事，把系统的事当成自己的事。那么，老板需要具备哪些心态呢？主要体现在以下五个方面。

第一，做一个产品使用者。直销商自己就是老板，既然由自己经营，自然自己要先使用，既帮助自己，又帮助别人，才是两全其美的办法，这也是检验直销商有无老板心态、是否打算长期经营的一个重要指标。

第二，关心公司、理解公司、了解公司。相信公司所作出的某项决定都是基于公司的未来，都是为了让大家利益最大化。无论是公司经营还是产品结构调整，不论是制度的修正还是奖金分配制度的微调，我们都要遵守公司的规定，尊重公司的决定，听话照做，一如既往地支持公司。

第三，具备独立解决问题的能力。做直销的过程中，无论遇到什么问题，都要积极面对，都要努力寻找更好的方法去解决，既不能逃避，也不把问题抛给公司，而应争取将问题顺利地解决掉。

第四，有接受被拒绝的雅量。如果你具备老板的心态，你就无惧市场的残酷和客户的拒绝，你会相信，99% 的拒绝＝ 99% 的市场。被拒绝是成功的开始。

第五，严以律己，成为表率。拥有老板的心态，你就会像老板一样要求自己，严以律己，努力让自己变得更优秀，努力使自己成为同门的表率。

（2）有空杯学习的心态

学历，既不等于学习力，也不等于能力，更不等于水平。21 世纪的竞争关键取决于学习速度的竞争。一个人学习的态度、服务他人的态度，决定着成就的高度。在直销行业，只有热爱学习、善于学习、善于使用知识的人才能获得成功。要想建立庞大的事业帝国，就要带着愿意跟你一起成长和改变的人一起进步，因为只有提高了能力，业绩才有可能提高。你想拥有什么样的业绩，想成为什么样的人，就要读什么样的书。

空杯学习的心态体现在如下两个方面。

第一，要有归零的学习心态。把原来做其他行业惯有的思维暂时收一收，重新吸收直销行业里的知识，包括学习最基本的公司、产品、奖金制度、沟通技巧等知识。

第二，知道跟谁学，诸如参加会议、向成功人士学习、向客户学习等。参加会议就是要学习会议的讲话。因为公司有很多的活动，如创业说明会、业务培训会等。通知到你以后，你就要来学习。因为在这个行业里，学习是通往成功的护照。你一定要参加直销的每一场活动和会议。要和伙伴们相互交流、团结互动，千万不要孤军作战。大家一起合作才能相互鼓励、相互学习、相互促进。当你没有付出的时候你就不会珍惜和拥有。因此，一定要做到每会必到、“每到必会”。

(3) 有包容平常的心态

乌云之上晴空万里，乌云之下风雨交加。如果你现在还有问题，那是因为你还没有到达一定的高度。云层之上的天空永远是碧蓝的。我们应该包容上级、包容下属、包容伙伴、包容万物。正所谓“海纳百川，有容乃大”。

心有多宽，事业就有多大。做直销会遇到形形色色的人，对待客户要像对待自己孩子似的宽容，要用高姿态来分享直销事业，还要永远有一颗平常心。做直销这个事业，有很多人并不理解和认可，对此，我们要有一颗平常心。世界上再好的事情，有人说好，也有人说不好。包容平常的心态要做到多赞美、多鼓励、多支持，少批评、少责备、少抱怨，度量大、胆子大、口气大、脾气小。有了一颗包容平常的心，我们就能正确对待拒绝和暂时的挫折。

（4）有互助的心态

自己有能力帮助别人，而不是让别人来帮助自己，帮助别人就成了一件幸运的事；帮助别人不仅能温暖别人，还能丰富自己的心灵，帮助别人也是一件值得高兴的事；同时，别人接受了你的帮助，让你的爱心得以实现，帮助别人还是一件值得感谢的事。

帮助别人的同时成就自己，成就自己的目的是帮助别人……这就是一个良性循环。每个人只有经过努力，才能使自己变得更好，才能成就自己的事业和人生；在成就自己的同时，还可以反过来帮助可以帮助的人。

成就自己，只能证明自己是个有能力的人；只有成就了自己的同时又帮助了别人，才能成为一个高尚的人。高尚的人永远比有能力的人有价值！

（5）有自律的心态

自律是由一种被称为“隧道视野”和“延迟满足”的素质转变而来的。也就是说，愿意在一段时间内放弃生活中的某些东西，为了达到一些更大的目标或者实现一些理想而拓宽我们的“隧道视野”和“延迟满足”。

（6）有感恩的心态

直销人一定要有感恩的心态。首先，要感谢父母，因为是他们生养了你；其次，要感谢公司，因为是公司为你提供了良好的创业平台。

你要感谢自己的辅导老师，因为是他们告诉你，直销事业既可以学习知识又能增加收入，还能改变你的一生，他是你生命中的贵人。在你从事直销事业的过程中，无论遇到什么问题，都能够得到他的支持和帮助。

你要感谢团队里所有的伙伴，因为你的成功离不开他们的努力。

你要感谢你所在的系统，因为是它给你提供了一个机会，让你不断提升人生境界。

总之，你应该有感恩的心态。

永远不要丢掉自己的梦想，不要丢掉感恩的心态，要始终以此为动力，要跟胜利者为伍，因为他们有梦想，他们懂感恩！

小故事

有位智慧大师拿着平日打水的木桶，对徒弟说："你用这个木桶去装东西，只要能装满它，你就可以下山了！"

徒弟很快地从山野里捡拾了许多大石头，不一会儿便将木桶装满了，接着便很高兴地向师父汇报，说自己已经完成任务了。

大师笑了笑，问道："你确认已经把木桶装满了？"

徒弟认真地回答："是的，木桶再也装不下任何一颗石头了！"

大师没有言语，只是微笑着从身旁抓起一把小石头，再从木桶的上面撒下去，只见小石头很快地从大石头的缝隙间穿过，迅速地滑落桶底。

徒弟见状一惊，连忙抓起身边的碎石子往木桶里扔，试图把木桶填满。这么一来，木桶真的填满了。

这时，大师又抓起一把沙子，再往木桶里撒下去，只见沙子又从小石头缝隙间滑到桶底。

徒弟学着师傅的动作，也抓起沙子，卖力地想把木桶真正装满。最后，木桶装满了大小石头及沙子，徒弟慎重地说："师傅，终于装满了，再也装不下任何东西了，我可以下山了吗？"

大师默默不语，只是伸手拿起水瓢舀了一瓢水，从上面倾倒下去，沙子迅速将那一瓢水吸收，一滴也没流出桶外。

木桶的包容力真的不小！由大石头、小石子、细沙乃至水，都没有想象的那么容易就填满木桶。

故事启示与直销心法

世界上的万事万物都有极大的包容力，这是对待事物的基本态度。许多人从事直销之所以无法获得成功，就是因为没有做好心理调适和准备，即没有一个正确的态度。

2. 创业条件的准备——时间和财务

相较传统事业的创业需要资金、技术、经验等条件，直销的创业基本条件只有两个：时间和财务。

（1）时间条件的三个含义

任何事业要成功都必须先投入心力和时间。直销工作和普通工作一样，必须有专属的时间来运作。时间条件包括三个方面的含义：一是主观的意愿，动机够强，才会充分利用时间，形成足够的行动力和坚持力；二是客观的条件，有些人时间很充裕，但不愿意花时间，没有舍，自然没有得；三是暂时牺牲个人生活，也就是说，一年到两年的创业期内必须对个人生活做必要的调整。

（2）财务条件——重在财务规划

在财务方面，财务准备是必需的，尤其是专职的伙伴，许多事业无法进行下去，都是因为财务出了问题。创业除了开业成本，通常还要有周转金，要让直销事业能坚持到成功的那一刻，自然需要财务准备。

财务准备需要有针对性地对专职伙伴和职业伙伴做好基本的财务规划。对于专职的伙伴，一定要有基本的生存要件，尤其是在奠定基础的时候，收入要稳定，要能使生活维持下去。对于职业的伙伴，基本的生财器具、专业能力养成的学习费用等，都必须先投资，这是应有的观念。

小故事

有位警官非常走运又非常不走运。说他非常走运，是因为他当了几十年的警察，一路由小警员升到警官，直到接近退休，都没有遇过一次盗匪，没有开过一次枪；说他非常不走运，是因为在他退休的前一天，经过一家银行，看见有人抢劫，掏枪阻拦，结果，对方也有枪，而且比他发射得快。最终，他死在了退休的前一天，手中还握着一辈子都没有真正用过的枪。由于银行工作人员提前摁响了报警器，警察在这名警察倒地的时候，破门而入，快速将劫匪制服。人们在检查现场的时候发现，这名警官的枪里没有一颗子弹，子弹还在他的衣兜里。

故事启示与直销心法

这名警官确实又笨又倒霉，也许正是因为自己隔天就要退休，所以他没装子弹；还可能觉得，反正自己的口袋里有子弹，遇到情况再装，只不过他没想到的是，自己居然会遇到歹徒，而且歹徒还会当面拔枪。作为一名警官，他难道不知道，值勤的时候枪里必须装子弹？即使从业几十年都没见过一次盗匪，也应该随时整理枪械、坚持到靶场练习，因为平时总要为战时做准备。“养兵千日，用在一时”，只有平时做好准备，多练习，才能来则能战、战则能胜。

3. 学习上的准备——把握学习方向

学习可以让自己快速掌握直销成功的秘诀，让自己减少犯错和摸索的时间。学习不是没有目的和方向的，学习必须有完整的规划和准备，才能取得实质的成果。学习准备需要把握以下四大方向。

（1）必要的知识储备

知识储备对直销人员来说必不可少，产品专业知识、直销商业模式、组织管理等都是我们要学习的知识。沟通能力来自储备足够的知识，表达能力差主要有两个原因：一个是脑袋跟不上嘴巴，另一个是嘴巴跟不上脑袋。

产品专业知识的掌握是直销人员工作的起点。在许多企业，销售人员都被人们叫作“销售工程师”。所谓直销人员就是像技术工程师那样熟悉公司产品的人，他们了解产品的分类、性能、技术参数、适用对象及优势等。对产品知识了解得越深入，越能在实际销售中化解客户的疑惑，获得客户的信任。

直销人员对产品知识的储备以销售为核心，所掌握的知识以实用为目的，比如，客户的想法就是需要掌握的内容之一。直销人员对产品的掌握需要围绕具体产品而展开，对产品性能、技术特性、生产工艺、质量标准等掌握得越详细，越能在客户面前树立专家形象。

直销人员对产品知识的储备在于运用，在于在实际运用中储备更多的产品知识，因此，不仅要学会用通俗的语言来讲解产品，而且要学会在与客户沟通中掌握更多的知识。

（2）学习成功者处理问题的态度

向成功者学习，最重要的是学习他们的态度。在此过程中，要去比较自己和成功者遇到同样状况时，因为态度和想法不同，两者的处理方法有什么不同。比如，成功者遇到问题的时候是用什么态度解决的；面对压力的时候是用什么态度去调整的。

仔细观察成功者的行为模式，就会发现：很多成功者之所以跟普通人不同，最大的原因在于他们的想法不同。想法不同，行为就不同；行为不同，最后的结果也就不同。所以，要想改变现状，就要回过头来改变原有的想法。只要能改变想法，就能改变自己的命运。

（3）学习成功者的技巧

技巧包括运作的核心技能，是成功的基本功。在运作直销的过程当中，比如成功者如何邀约、如何零售、如何推荐、如何服务跟进、如何做会场等。因为成功者经营这个事业可能已经有 2 年、3 年、5 年甚至更长的时间，所以他们有非常丰富的经验，这都需要我们去学习和借鉴。

我们不要花那么多的时间去走弯路，要用聪明的方式去做事，观察那些有丰富经验的人，他们很清楚地知道在这个行业、这个领域用什么样的沟通方式对方容易接受。所以，我们要把成功者的这些技巧学好，变成自己的东西。

（4）学习成功者的习惯

许多习惯不佳的人，就算能力再强，所能得到的收益往往也很有限。而成功者一定有一个很好的习惯，很多加入直销事业的新人，有的时候真的不是不努力，而是因为习惯不太好，始终没有办法做出很好的成绩。比如，没有定期开发新市场的习惯，没有很好地与团队互动交流的习惯等，所以总是遇到各种各样的难题，这些东西都是需要我们学习和改进的。

以上讲的是学习的四个方向，分别是知识、态度、技巧和习惯。掌握了正确的学习方向，我们就能够做得越来越好，快速地提升我们的专业水平，我们的事业也能早日成功。

小故事

陶渊明是东晋时期的诗人、辞赋家，是中国田园诗派创始人。他个性高洁、聪明博学，品格学识为人们所敬重。

有一天，一位年轻人去找陶渊明，向他请教如何才能成为一位学识渊博、见解卓越的大学者。陶渊明笑了笑，对他说：“跟我来吧！”然后带着这个年轻人走到屋外的田埂上，说：“你先坐下来，看这些稻秧，一直盯着看，视线不要离开它！”年轻人立刻很恭谨地按照他的吩咐，仔细地看着这些稻秧。这时陶渊明走开了。

一段时间之后，陶渊明回来，问：“年轻人，你已经看了这些稻秧很长时间，说说看，它们有没有变化？”年轻人说：“没有变化，跟原来一样！”陶渊明说：“是的！你没有感觉出变化，对不对？其实，它们每分每秒都在茁壮成长，再过一段时间，它们还会结出许多稻穗来。这就是稻穗成长的规律，做学问同样如此。今天、明天、后天，一天、两天、三天，一个月、两个月、三个月……片刻之间似乎看不出什么变化，但只要经过长时间的努力和积累，就会慢慢得到一定的成果。”年轻人深有感触，努力地点点头……

故事启示与直销心法

我曾与一位以勤学著称的直销领袖沟通过，问他：“为什么已经很成功了，你依然如此勤奋学习？”他简短地回答：“因为我想成为最优秀的领导者！只有不断学习，才能帮助我的伙伴并取得非凡的成就。”

读书不可以急功近利。陶渊明强调的是潜移默化的功夫。功夫到了，自然水到渠成。直销从业者的学习也是一样，学习这件事很难在短时间内看出有什么变化，它是一点一滴的累积过程，只要有付出必然有收获。

4. 改变的准备——调整自己的个性

对于“改变”这件事，很多人是恐惧的，所以常觉得自己的个性不适合做某种事情。其实，跨入新的领域都会有这种感觉，从事直销也是如此。没有不适合做直销的人，直销只有两种人做不起来，一是不想改变，二是改变的速度太慢。

（1）不想改变者，要知道性格决定命运

对于不想改变的人来说，要知道性格决定命运，要想成功就要从调整自己的性格开始。经营直销事业要从经营自己开始，吸引别人的最好方法就是让别人看到你个性的改变。

（2）改变太慢者，要快速融入环境

对于改变速度太慢的人来说，最快的改变方式便是融入环境，通过环境的力量来影响与改变自我。

一个人的改变需要时间，对于自我和下属的改变都应当有足够的耐心。当别人在寻求改变时，别忘了给予关心和鼓励，在蜕变过程中为他助威，做最佳的啦啦队队员。

小故事

小映9岁时在河边的乱石滩上跌伤了腿，虽说爷爷是接骨师，无奈伤得太重，接骨之后仍难以行走，只得卧床度日。

一天，小映看到爷爷在自己床边落泪，便问："爷爷，您怎么啦？"爷爷哀伤地回答："你的腿已经废了，爷爷因为救不了你而感到难过。"

小映一听也跟着哭了起来，说："爷爷您救救我吧！我不想不能走路。"

爷爷想了很久才回答："要根治腿伤必须在3年内找到伤你腿的那块石头，再把它打磨成石枕，以醒脑活络，否则就是大罗金仙也没办法。"

小映一听到自己有救，就很有信心地说："碰伤我的是一颗黑色的石头，它长得很特别。我一定能找到它，并且认出来。"

时间一天天过去了，两年时间小映一直没有找到那块黑色石头，爷爷说："也许石头被冲到下游去了吧！"

3年时间很快过去了，无论小映多么努力就是找不到那块黑色的石头，到期限的最后一天，小映绝望地对爷爷说："我想我是没机会了，那块黑色石头找不到。"

爷爷笑着对他说："找不到就别找了，这3年来你不断地到处找，你的腿不是已经能走了，恢复正常了吗？还要那块石头做什么？3年前我早已经把它扔到河心深处去了，你怎么可能找得到呢？"

故事启示与直销心法

百分之百相信是世界上最大的力量，每个经营直销事业的伙伴，首要的成功要件就是相信。小映之所以能持之以恒地找寻那块黑色石头，只是因为他相信自己能够找得到，因为他相信只要找到那块黑色石头，他就可以重新站起来。相信的力量足以让人发挥无限潜能，完成先前想象不到能完成的事。

预防重于治疗！经营直销事业或从事任何跟销售相关的工作都会遇到被拒绝的情况，在开始行动前，必须先做好心理准备，就像为了避免某些疾病必须提前打预防针一样。要想预防伤害，先要挖掘经营直销事业所要达到的梦想与目标，其余形态都是必经的过程。就像参加障碍赛一样，选手看到的、期盼的都是终点，至于途中遇到的各种障碍，也只是抵达终点的必经之路。所以，遇到了水坑、沙丘和栅栏等，都能以平常心对待，即使中途跌倒，也能立刻站起来，接着向前跑。选手心中有目标，终会抵达终点。正如鲁迅先生所说：“不耻最后，即使慢，驰而不息，纵会落后，纵会失败，但一定可以达到他所向往的目标。”

我们必须让自己与下属相信，直销能帮助自己完成梦想，我们的焦点全在“成功的标的”，看着目标就不会深陷于一时的挫折之中，会明白“泼冷水”只是代表对方还不了解。我们怀抱希望，就能清楚“泼冷水”似的拒绝只是一个过程。正如海伦·凯勒所说：“当你面向阳光，就看不到背后的阴影。”

5. 专业的准备——成为专家才能赢

富人与穷人最大的差别是，穷人的学习从学校毕业后结束，富人的学习从学校毕业后开始。正因为如此，才有业余与专家之分，才有穷与富的不同结果。拥有更强的专业知识与专业能力，才能具备更强大的竞争力。这也意味着，只有专家才能成为赢家。

（1）成就专家的5个学习阶段

成为专家的有效途径是学习，学习成功诀窍，便能缩短成功到来的时间。具体到学习的过程，可以分为5个阶段：从不知道到知道；从知道到会说、会做；检视自己能不能从会说会做到实际去做；确认做得是否正确、是否到位；最后有效地传承给下属。

（2）专家的ABC角色进阶路径

学习可以让专家进阶，这里以A、B、C三个角色来说明。C角色掌握产品专业知识、直销概念；B角色掌握核心运作技能，有市场开发基本功；A角色有建立团队和组织运作能力，具备一定的领导力。A、B、C三个角色实际上指明了专家进阶的路径，即从C角色到B角色，再提升到能够独当一面的A角色。至于A角色，通常指的是讲师。

小故事

大学课堂上，李教授总会有一些看似漫不经心的提问。

有一次，李教授问学生：“世界第一高峰是哪座山？”如此小儿科的问题，也能搬到大学课堂？下面的学生都不屑一答，只有最低的嗓音附和：“珠穆朗玛峰。”教授接着追问：“世界第二高峰呢？”台下立刻傻眼了。一位学生辩解道：“书上没提过！”

教授不置一词，再问：“你们知道，世界上第一个进入太空的人是谁？”结果，竟然没有人敢回答了。虽然很多学生都知道是加加林，但不知道第二个人是谁。之后，教授又自鸣得意地提了几组类似的问题。所有的问题都是这样：第一个问题的答案大家几乎都知道，第二个问题的答案却几乎没人知道。

李教授哈哈大笑，学生感到莫名其妙，不知教授在玩什么花样儿。在学生的注视下，教授转过身，在黑板上飞快写上一行字：屈居第二与默默无闻毫无区别！这时候，学生才发现，原来，教授是在鼓励大家争第一呀！

故事启示与直销心法

只有套上“第一”的荣誉，大家才会记住你、认可你。虽然你是第二，即使跟第一只差很小的距离，人们想到的依然是第一。同理，对于各行业来说，要想让他人信服，就要给自己套上“专家”的头衔。因为，在人们的心目中，专家的知识最丰富、专家的能力最强、专家的可信度最高！

6. 思想的准备——具备正面思想

具有正面思想的甲会影响具有正面思想的乙，乙又会影响更多的人，如此就可以影响整个团队。如果整个团队成员都具有正面思想和正能量，公司上下就会形成正面的思想和正能量。

（1）具备强有力的信念

具备强有力的信念，才能从内心相信自己会成功，也才能取得最后的成功。无数事实证明，坚定的信念会大大降低失败的概率。

（2）具备积极的心态

有两个观光团外出旅游，当地路况很差，到处都是坑坑洼洼的。其中一位导游连声抱怨说："这路面简直像麻子脸一样！"另一个导游却诗意盎然地对游客说："各位女士、各位先生，我们现在走的这条路，正是赫赫有名的迷人酒窝大道。"

把路面形容成"麻子脸"或者说是"迷人的酒窝"，显然有悲观与乐观心态之别。你的命运完全操控在自己手里，只看你选择的是悲观抑或是乐观的心态。

对于直销人来说，积极的心态是一种力量源泉。在从事直销的过程中，要积极地去追求生命的价值，让生命的价值进一步变大，让生命变得丰富多彩。如此，在今后的某个时刻，就可以自豪地告诉别人：我曾经精彩地活过，未来也一定会活得更精彩！

追求生命的价值可能需要承担一定的风险，但追求这种价值比个人所要承担的风险要大得多。如果我们的一生都是一日三餐，吃了睡，睡了吃，碌碌无为，什么都不做，风险岂不是更大？只要明白这一点，也就具备了积极的心态。因为，只有知道了为什么要去做，才能知道如何去做，才能得到美好的结果。

小故事

一位心理学家来到正在兴建的大楼底下，对现场忙碌的建筑工人进行采访。他问第一位工人："请问您在做什么，累不累啊？"工人不情愿地回答："我正在做工啊！你没看到报纸上经常报道总是有坠物落下来？很危险啊！真不是人干的活儿！"心理学家找到第二个工人，问他："请问您在做什么，累不累啊？"第二位工人无奈地答道："累死了，如果不是为了一家人的温饱，谁想干这种粗活？！据我所知，这栋大楼已经被政府勒令停工了三次，你说安不安全？！"心理学家接着问第三位工人："请问，您在做什么，累不累？"这位工人满眼都是喜悦的光芒："不累！我正在兴建全世界最高的大楼，建成后它会挑战世界第一高，这是我们的骄傲，这栋主建筑将来会带来很大的商机与商业繁荣，你没有看到报纸吗？第一天开幕将会有百万人来参加呢！”

故事启示与直销心法

心理学家研究后，发现有三种类型的人：一种是为生活而工作的人；一种是为工作而工作的人；还有一种是为理想而工作的人。为生活而工作的人，他的青春正在消耗中；为工作而工作的人，他的生活缺乏情趣；为理想而工作的人，他的日子非常有意义，人生是彩色的。

做着自己喜欢的事，就是顺心而为；强迫自己做不喜欢的事情，仅仅是勉强为之。顺心而为，就会越做越带劲；勉强为之，只要一有机会，就会尽可能地拖延或逃避。

追求快乐、远离痛苦是人的天性，我们无法长期在痛苦的环境中生活。从心里喜欢直销的创业模式，享受它的过程，不论是销售、分享、推荐、学习还是辅导，真心享受一切，才能获得真正的成功。

第四章

付诸行动，为更成功的人生而走

实现梦想的关键在于实际行动！具体到直销实践中就是建立通路，也就是做渠道。在通路渠道决定一切的时代，拓展渠道往往是成功的关键。直销是一种复合式的『连锁加盟系统』，上级老师就像总店，我们则是分店。同样的道理，我们是下属伙伴的总店，他们是分店。扩展渠道的关键是建立足够的分店，这样才能真正创造出期望的快速倍增效益，攀登直销巅峰。本章将要阐述的就是扩展渠道的行动方案，包括列名单、暖身、邀约、ABC 法则、促成、跟进、新人启动7个步骤。

1. 迈向成功的第一步——列名单

任何市场营销的起点都来自客源！为什么店铺要选址在最好的黄金地段？因为地段好，客流量就大，就会有充分的客源；有充分的客源，生意就成功了一半。相反，如果店面所处的地段人员稀少，自然就没有客源，就算店面装修再好、产品再好、服务再好，生意也不可能好。经营直销事业也是同样的道理，有效地寻找与锁定客源便是成功的第一步。

客源来自哪里？就来自你的人脉。因为既有的人脉对你有基本的信任，而信任关系是一切关系的基础，是营销基本的要件，具备信任关系，无论是分享产品或推荐事业都会相对容易许多。直销是用有限的人脉创造无限的人脉，再通过无限的人脉创造无限的财富。因此，详细地列出你的人脉，由近及远、由亲及疏，再从中分析最合适的对象，那么在这份事业中你成功的机会就会增加许多。

列名单是每个有心经营直销事业的人都知道的，这是最基本、最重要的一个步骤。列名单工作做得好，之后的邀约、跟进、带动与组织运作等将会进行得很顺利。虽然列名单的工作这么重要，对往后直销事业经营的影响性很大，但很多伙伴在列名单的时候，仅仅是形式上的，并没有确实掌握列名单的要诀。如何列好名单呢？其要诀如下。

（1）上属老师陪同下属一起列名单

列名单的第一要诀是下属加入时，上属老师一定要陪同下属一起列名单，而不要只把方法告诉下属，让下属自己去做。

为什么一定要找上属老师陪同列名单呢？道理很简单，第一，如果让下属自己列的话，大多数人会为了不要太麻烦而“意思一下”，草草列出一些名单交差了事。第二，当上属老师陪同列名单时，老师可以提供正确的思考方向，以免下属在列名单时漏掉某些相当具有开发潜力的人脉。第三，刚开始经营直销，新伙伴总是习惯以自己的判断来决定哪些人可能会做，哪些人不会来做，自动在心里先过滤掉一些名单，这可能会因误判而造成损失。如果有上属老师陪同下属一起列名单，可以随时提醒下属不要放弃每个对象，更不预先做判断，先列出来，再由比自己有经验的上属帮助排定优先顺序。

要让下属度过刚开始经营时的“危险期”，而不要中途“阵亡”，最有效的方法就是让他一开始就得到他想要的东西，尤其是赚到钱，以建立他对直销的信心。

有一次，我在内蒙古做 7 天长驻计划的系统培训，在列名单的一对一示范过程中，引导一位女伙伴列名单，我让她写出前男友的名字。她说：“我不想写！”我问：“为什么？”她说：“分手时，我伤透了心，我不想提他！”我说：“那好，你把名字给我。”之后，她在一张纸上写下一个名字：王大明。我接着问她："王大明有没有同胞兄弟姐妹呢？你和王大明在一起时，常和谁出去玩呢？还有就是，王大明有没有表哥、表妹、表姐等？"这又是一份很好的名单，她可能不想约王大明，但是她可以借由王大明来邀请王大明的亲戚、朋友。顺着我的思路，这位女伙伴慢慢地写，最后竟然写出了 80 个人的名单。

我看过很多上属老师辅导下属的情形，过程中上属老师常常因为自己认为下属应该都懂，所以辅导永远都是课程中讲一些要诀，却忘了"一对一"的示范陪同，使得下属最后因未能正确启动，丢了市场，直至提早"阵亡"。还有因下属资质不同，上属老师引导几次发现未能启动就大失所望，放弃下属。殊不知，没有教不会的下属，只有提早放弃的老师！

（2）用"九同字缘故法"列名单

列名单时可用"九同字缘故法"，见表 2。

表 2　九同字缘故法

事　项	内　容
婚	母亲或另一半因婚姻关系认识的人
宗	父亲或是同姓宗亲延伸的名单
乡	以往居住地附近的对象，包括一起长大的玩伴
学	小学、初中、高中、大学或培训认识的对象（甚至是家人或是小孩的同学）
志	当兵或各种单位相处过的有交情的对象
事	以往有过共事经历的对象
好	有着共同兴趣（比如娱乐、体育）的对象
商	过去生意往来或是同行
区	目前或者以往的邻居

(3) 用“扩散延伸法”列名单

列出名单只是开始，接着要善用“扩散延伸法”，也就是列名单时脑海里出现的是一个又一个的群体。举例来说，当你列出一位同学，对你的意义不仅仅是这位同学而已，在你的脑海中浮现的应该是由这位同学开始扩散延伸，即想到这个人时会连带想到其他人以及和这位同学相处时的场景，有哪些人围绕在这位同学的旁边。这位同学就好像是“圆心”，我们思考的方向借由这个圆心向外扩展延伸，做垂直与横向的联想，形成一个名单群。

著名的销售冠军乔·吉拉德有一个销售定律，即“250 连锁反应”。他发现每个人大约有 250 个朋友是可以邀约的对象。如果你的名单不充足，脑袋空空，赶快拿起电话簿、名片簿，看看有哪些人是可以列在名单上的，仔细想一想！先别急着判断对方有没有可能成为消费者或是经营者，只要把名单全列出来，千万别遗漏任何一个人，不然有可能你会损失一个甚至一群客户！

(4) 列名单过程中的几个基本观念

直销业务基于与他人分享，让更多人分享成果，团队业绩就会越大。在列名单过程中有四个基本观念是必须建立的：第一，提供给朋友一个机会，一个获得健康、财富与实现梦想的机会；第二，不要预设立场；第三，对象群越广、名单越多，成功的机会越大；第四，不断扩大人际网络。为此，列名单过程中要善用缘故法，然后用扩散法，再考虑陌生法。

（5）如何分析名单排列优先顺序

当我们再三确认列出名单的完整性，所能想到的人名都出现在名单上后，接下来就可以咨询上属老师，请他根据经验帮助你就列出来的名单进行分析，列出哪些对象应当优先分享产品，哪些对象应当优先讲解事业计划，哪些对象应当先做沟通，以增加他成功的机会。

分析名单有两个可供大家参考的方法：一是根据需求进行分析；二是根据情况进行分析。

先看根据需求进行分析。

在排列顺序时，可以根据与我们的交情、积极的程度、新观念的接受度、目前状况的掌握程度进行判断。先分析出哪些对象对产品比较有兴趣，哪些对象可以先分享生意和事业机会。

在产品对象分析方面有这样几种情况。

①对产品有明确需求的人。如果你的主打产品是个人护肤品，那么肌肤有问题，比如有斑、皱纹等老化现象需要改善的人，一般来说接受度就比较高；如果你的主打产品是保健品，那么身体出现状况，有慢性疾病或抵抗力差的对象，通常能接受的程度就比较高。比如，一个人有体重超标、体脂肪较高的问题，你的产品如果是减肥产品，就能提供给他解决这个问题的方案。

②有好的观念的人。这是有安全性甚至环保等观念的对象，他们平日就比较懂得预防保健的重要性，对于产品可以不在乎价格，但在乎质量。这类对象通常都是你分享产品的主力且成交率高。

③舍得花钱的人。假设你今天是卖精品或名车的销售者，请问你会尝试对谁销售呢？当然是有经济能力的企业老板或高级经理人。也就是有需求、有意愿和有能力的人，有能力指的便是有经济能力、能消费得起。

④对你信任并 100% 挺你的人。有些人不一定符合上面几项，但对你有相当的信任度，有信任的基础并且愿意挺你的人，这种对象对一个经营者来说能极大地增强信心。

在事业对象分析方面，针对想要创业赚钱、有企图心、积极帮助自己成功的对象，则很适合将你的事业机会和计划介绍给他们。具体有以下几种情况。

①有高度创业和赚钱企图心的人。这指的是一心寻找机会希望自己当老板或者很渴望赚钱让自己和家人过好生活的对象。

②传统产业需转型的人。例如，很多小企业或店面老板，因面临商业环境改变，经营出现危机，必须快速转型或寻找契机，这类人也适合你将事业机会和计划介绍给他们。

③观念好、行动力强的人。容易接受新观念和新事物，且凡是想到便付诸行动的对象，这类人加入后会很快融入并掌握成功的关键。

④个人条件好的人。人脉广、社会地位高、经济实力强等个人条件出色者，他们所认识的对象往往也是这一类型的，当你的团队有更多优秀人才时，发展的速度和前景自然会更好。

再来看根据情况进行分析。

可根据名单内的朋友家庭、工作、休闲、经济状况、健康及梦想进行自我分析。为此可列一个潜在顾客名单表，见表3。

表3　潜在顾客名单

姓　名	电　话	需　求	经济情况	情感分析	级别顺序

通过上述分析后，优先选出可进行铺垫销售推荐对象。具体如下：

①有信任关系的对象。有信赖关系的对象不必运用太多的攻防技巧，如果彼此的交情、信赖度够，通常不会排斥我们的分享建议。此类型的朋友很容易互相信任，对于新伙伴有较大的激励作用。

②有需求的对象。第一种是对方本身就具有消费意识，需求明显，但并非正在使用你的产品，所以重点是转换品牌使他原来的购买预算增加或

转换；第二种是你认为客观因素下，他的产品需求度极高，但他本身不一定具有这样的主观想法。

③有预算的对象。有钱不一定有预算，有预算也不一定代表经济实力强，有预算也不等同有购买决定权，重点在于可以自己做主，肯花钱、有能力且能够自己做主的就可以预算购买。

④有迫切性的对象。有些人由外观或经由初步的询问技巧，就能得知迫切需要改善身体或生活的某些问题，甚至客户本身已经积极寻找能够改善问题的对策。

⑤有开放心胸的人。此类型的人具有学习新知识、新观念的倾向，虽然不一定符合上述类型模式，却是值得争取的潜在顾客，一旦心门被打开或是形成既定观念，他们就是支持者。

最后提醒伙伴们，排列优先顺序应该是用排列比较法而非用删除法，也就是将所有人都依照标准排出顺序，而不是将自己觉得不适合的逐一删除，因为没有不适合经营直销的人，只有没有找到适合方式来经营的人。

很多人的排列方式容易犯下的错误就是主观地判断谁适合、谁不适合。别忘了，许多杰出的直销领袖原来都是最不起眼儿的，却能在直销领域发挥得淋漓尽致；而许多被视为“大老鹰”的大老板甚至于高学历者，却因放不下身段，往往没多久就“阵亡”了。所以，先别急着删除任何一个希望，妄下定论的结果可能会让你扼腕不已！

小故事

一个穷苦的老农养了一头毛驴，他很喜欢这头毛驴，整天都与毛驴形影不离，不管到哪里，都会带着它。一天晚上在回家的途中，毛驴不小心掉进了一个深坑。为了将毛驴救出来，老农想了很多办法，最后还是无能为力。老农不忍心看着毛驴等死，决定将它活埋。他看了看黑黝黝的深井，听着毛驴的叫声，估计了一下坑的深度，大约要用五六车的土才能把坑填满。

当第一车沙土倒进坑的时候，转眼间就烟雾弥漫，毛驴也看不见了。毛驴在坑里拼命挣扎，踩踏沙土。老农接着又运第二车土倒进去，接着第三车、第四车，直到第六车之后，老农心想，应该全都填满了，于是他站在坑边，准备等到烟雾消散后默哀几分钟再离开。

当烟雾消散后，老农吓了一跳，因为他竟然看到心爱的毛驴就站在坑上边，好好地活着，并没有被活埋。

原来，当老农每倒进一车沙土之后，毛驴就拼命地踩踏挣扎，然后爬上土推，就这样，每一车沙土倒下来，毛驴就爬得高些，所以当坑满之后，它就安然无恙地爬了出来。老农原本要将毛驴埋在深坑里，谁知道不断倒进沙土，反而把毛驴救了出来！

故事启示与直销心法

生活就是这样，时时刻刻有困难与阻力，如果我们不知道如何面对，就会被击垮，但是如果我们能够把阻力化为助力，将绊脚石变成垫脚石，化危险为机会，那么我们就会立于不败之地！

直销运作过程，任何人都不会一帆风顺，通常都会遇到各种各样的阻力，阻止我们前进。只要跨越了、克服了，就会长得更加茁壮坚强，而这也是成长的代价。记住，不管是飞机，还是风筝，都是在逆风中起飞的。

古语有言：“天将降大任于斯人也，必先苦其心志，劳其筋骨，饿其体肤，空乏其身，行拂乱其所为，所以动心忍性，增益其所不能。”所有的阻力，不论是失败、困难或拒绝的打击，都是为胜利和成功而设置的。面对困难，不要气馁，要利用阻力，借力使力，度过难关。要想看到绚丽的彩虹，总要经历风雨，只要我们鼓起勇气，前方就是光明一片！

2. 迈向成功的第二步——暖身

暖身是为销售所做的预热铺垫，是不可或缺的过程，很多人往往怕浪费时间而跳过此阶段，直接进行邀约，因此造成市场伤害，甚至因为没有充分掌握需求而造成朋友误解，损耗人脉。因此，提醒所有伙伴们，运作直销要积极，但只有按部就班，方可达到最佳状态。

暖身的目的就是对适合的对象进行预热铺垫，了解他们的状况与沟通的重点。暖身的要诀是先电话联系名单中的人，关心他们生活，和他们聊天，进一步了解和掌握每个人最近的基本情况，包括工作、生活、家庭等，并把通过电话了解的情况详细记录下来，留着以后翻阅。在电话沟通过程中，不要急着曝光你的产品或事业计划，和他们聊天不是天马行空地乱聊，应遵循预热电话的 FORMHD 法则。

（1）FORMHD 法则的含义

FORMHD 的含义：F（Family）指的是家庭、家人；O（Occupation）指的是工作、职业；R（Recreation）指的是休闲、兴趣；M（Money）指的是经济、收入；H（Health）指的是健康、身体保健；D（Dream）指的是梦想、目标。

(2) FORMHD 法则的应用

对于家庭、家人（Family），要询问朋友家里最近的情况。家庭和家人是多数人重视的话题，也是奋斗的源动力，将家人和家庭的利益联结到产品或事业上，可以带来实质的帮助或生活问题的解决。为此，谈论子女成长或父母健康等情形当然是最直接有效的打开心门与销售切入的话题。

对于工作、职业（Occupation），可探讨朋友对目前工作满意的程度。工作是一般人花费最多时间做的事情，甚至于生命的 1/3 都用在工作上，没有人会不关心这个话题。可以谈工作压力及所受的委屈、工作内容、经验、创业意愿、人际政治圈，甚至未来生涯转折等话题。此类话题最容易为下阶段销售做铺垫。

对于休闲、兴趣（Recreation），可探讨下班后大部分时间进行哪些活动。为了自己的兴趣和爱好，许多人都废寝忘食，一掷千金，如果其他话题无效，就可以针对休闲、兴趣等进行试探。谈到兴趣的时候，人们总能讲得眉飞色舞，并视听众为知音，很容易引发认同和好感。只要知道对方想要的休闲生活及旅游期望等，就能引发对产品事业的好处和建议。

对于经济、收入（Money），可探讨对目前的收入待遇是否有所抱怨。钱，是启动话题最有效的字眼，人总希望在有限的时间内赚到比现在更多的钱，可借此话题了解对方的收入、经济压力、金钱观等，还有就是暂时性收入与永续性收入的差异，找到对方金钱规划的目标与现实的差距，就会出现很明显的销售与推荐话题的切入点。

对于健康、身体保健（Health），要关心朋友及其家人的健康状态。对于成年人来说，疾病和死亡是潜意识中最大的恐惧和威胁，要想延伸扩散和引起共鸣，就要了解朋友和朋友家人的健康状况和健康观念，让朋友将自己的切身感受说出来，还可以寻找能够对身体产生影响的负面干扰因子。

对于梦想、目标（Dream），更需要去了解。这个话题是未来生命的核心价值，通常不容易从外表察觉和呈现，需要经过交心的会谈过程，借由这种引导来了解朋友想要完成的人生梦想。这类话题很有启示和引导的作用，可以联结到产品和事业方面，收到的信息将会引发购买和加入动机。

总之，只要了解了上述几个问题，就能找到朋友的需求。例如，有些人很有钱，但生活很空虚，只要进行连锁经营，就能满足他交朋友的需求；只要以关心的态度切入，就能比较容易地达到效果。当然，在暖身铺垫过程中，双方心理可能会出现各种变化，如果不认真揣摩，对方的真实心理就很难把握。因此，不能心急，要引导铺垫，认真倾听，找到切入契机，掌握下一步导入产品或事业机会的好方法！

小故事

有两个年轻人，一个叫张三，一个叫李四，大学毕业后一起找工作。

一天，两人走在路上，发现地上躺着一枚硬币。张三扫了一眼，走了过去；李四则弯下腰，激动地把它捡起来。

张三用鄙夷的表情看着李四，认为李四连一枚硬币都要捡，没出息！李四却觉得张三让钱和机会从自己身边白白溜走，同样没出息！

后来，张三和李四同时进入一家公司。这家公司规模很小，工作很累，工资也不高。张三没做多久，就不屑一顾地离开了；李四则很高兴地留下来发展。

两年后，两人偶然在街头相遇，这时候的李四已经成为某大企业的老板，张三则还在到处投简历。张三搞不明白，连小钱都捡的人，怎么可能取得如此大的成就？他问李四，你是如何发达的？李四淡淡地说："如果连一枚硬币都不要，如何能聚集钱财呢？"

故事启示与直销心法

张三和李四的差别在哪里呢？并不在于要不要那枚硬币，重点在于过程。李四清楚地知道在实现成功的过程中，每个细节都是关键，因此他珍惜每次成长与蜕变，并把握每个机会。相反，张三虽然渴望成功，但看大不看小，因此距离成功越来越遥远。经营直销事业也是相同的道理。"万丈高楼平地起"，珍惜每个运作过程中遇到的挫折，用心体会，那都是成长的细节。要成功一定会遇到障碍，当挫折出现时，我们就需要坦然面对，这是压缩成功必经的过程，这样就不会有太多的负面情绪。

现实中，有的新伙伴打退堂鼓时经常说：“直销跟我想的不一样！虽然任何人都想成功，但我发现直销不是我可以做起来的！”为什么他们会这样说？原因无他，就是他们一开始就把直销想得不切实际，对直销抱着错误的期望，也许是上属领导的信息传递，也许是他自己的想象，认为直销无须努力，没有挫折，只看到直销的好，却忽略从事直销应有的付出。对待任何事，要做最好的准备，做最坏的打算，以坦然的心态面对一切状况，以平稳的步伐继续前进！

3. 迈向成功的第三步——邀约

一旦暖身准备掌握朋友的需求后，接下来就要开始进行积极且持续的邀约，因为只有通过邀约，你的朋友才有机会了解产品和事业来改变他的人生。把朋友约出来，参加聚会与成功的领导人沟通，将正确的信息传达给你的朋友。

（1）了解邀约的重要性

很多新伙伴在刚开始经营这份事业时，总把邀约想得很困难。其实，邀约是行动的开始、借力的开端，没有邀约就没有行动，没有行动就无法借力。

记得曾有个伙伴很沮丧地来到我面前，她对我说："总监，我加入直销时充满抱负，也很努力，每会必到，认真邀约，我这两个多月中邀约了30多位朋友，但不是被拒绝就是被泼冷水，我是不是不适合做直销呢？"我非常惊讶地看着这位伙伴，也深深佩服她的坚持，于是我心疼地问她："你列名单了吗？"她说："列了"。我又问："有没有请上属老师帮你分析名单排列邀约顺序呢？"她说："我也请老师做了！"我接着问："那你知道那30多位朋友他们的需求吗？"她说："我知道他们的需求啊，所以才想把好的机会赶快分享给他们。"于是我请她拿出她的名单，看了名单上的一个名字问她："这个客户的需求是什么？"她说："我这个同学是从小和我一起长大的好朋友，结婚后生完小孩就变得很胖，所以她的需求就是减肥！”我又指了个名字说：“那这位的需求是什么？”她说：“他有关节炎，所以我们的××理疗仪可以帮他！”于是我问她：“是他的需求还是你的需求呢？”

我经常看到有的伙伴在邀约分享过程中太心急，没有确切掌握潜在顾客的需求，而是将自己看到的需求认定是客户的需求，所以心急地把自己认为的好产品、好机会塞给客户，因此被拒绝的可能性相对就高出很多。因此，面对合适的对象，应该注重培养与其的高契合度，并试探其内心需求。人与人之间一定先要能够“说话投机”和“相谈甚欢”，才会看对方顺眼，听对方说话顺耳。所以，要投其所好地察言观色，并通过快速地听其言、观其行和收集资料，找到对方愿意谈论的新话题。打开这些话题之后，我们才能够了解对方心里的想法和企图，下一步方能针对个人量身打造一个产品使用或事业经营的计划，帮助他解决实际的问题。如果没有这个过程，产品销售或事业说明诉求就缺乏针对性，“乱枪打鸟”的过程就增加失败的机会。

邀约就是把想沟通的对象约出来，让对方清楚知道产品所能带给他的好处，知道事业的优势。对于经验不足的新伙伴，比较好的方式是邀约对方，让你想沟通的对象接触到具备专业知识的人，如讲师、上属、领导人等！如果只让新伙伴自己沟通：一是新伙伴经验不足，只能根据自己的经验分享，缺乏提供完整信息说明的能力；二是专业度不够，无法进行兼具深度与宽度的说明，成功的机会自然降低很多。

只有用邀约取代经验和能力不足等弱点，才能增加成交的机会。记住，争取一个见面详谈的机会和设法把对的人带进会场，比个人天马行空地谈效果要好得多。通过一定的邀约流程，采取一些技巧，运用小组战或团体战来取代个人战，取胜的概率就会大很多。

（2）成功邀约的基本原则

了解了邀约的重要性之后，就要开始学习邀约观念和基本原则。

无论是销售产品，还是推荐事业，都要通过面对面沟通，才能让你的朋友了解。因此，熟悉邀约的方式和技巧，通过一对一、ABC 及会议模式让朋友接触产品和直销事业，就显得尤为重要了。如此，就要重点把握以下几个原则。

第一，正确的邀约心态。抱着助人、热忱、积极正面的心态，会让你的邀约更加自然和充满信心，也会感染你邀约的对象。你邀约的态度决定邀约的成功率。

第二，邀约的目的是创造接触的机会。积极但不要心急，所以不要一开始邀约就谈论生意细节。电话中千万不要话太多，电话中讲完了，对方还出来干什么呢？只需要给予适当的信息，引发兴趣，留点悬念，反而有助于邀约。

第三，邀约注意四不谈。说的方式永远比说的内容重要！因此，邀约要注意四不谈，即对象不对不谈、时机不对不谈、场合不对不谈、受到干扰时不谈。

第四，善用二选一法则。邀约时千万不要问对方“你什么时候有空”，给予太大的空间往往会增加邀约的困难。应该进行肯定且有理的发问，比如：“星期一还是星期二你的时间比较适合？”“你一般是下午还是晚上比较有空？”

第五，善用团队资源。对于思考型的对象或以前有过直接接触，发现他属于不好邀约的对象，要想成功邀约，就要善用团队资源，提供给他们更多信息以及更多诱因，包含各种工具、光盘、视频或者相关见证等，这些都能让他们产生兴趣。

（3）成功邀约的步骤

要想邀约成功，就应该遵循以下步骤。

第一步，拿起电话开始邀约。在进行邀约前，将你与朋友接触掌握的信息与需求跟有经验的上属老师进行讨论，以便选择适当的诉求、邀约理由、切入的方式，并决定到底是先约来参加聚会，还是会后再根据对方情况个别沟通，或是先进行 ABC 初次沟通，再来会场做全面的了解。

第二步，暖身铺垫找邀约感觉。人是一种感觉的动物，感觉对了就什么都对了，感觉不对就什么话都很难听进去，所以不管你是想分享产品或进行事业推荐，都必须从关心的角度出发，以轻松自然的语气问候对方，谈他感兴趣的话题，这么做不仅可以拉近彼此的距离，也会化解不必要的猜忌，以找到切入的话题。

第三步，根据需求，制造邀约的理由。要让人有行动，就必须有足够的理由。因此，不要从自己的角度考虑，而是要从对方的需求来思考。比如，为什么他要来参加这个聚会，为什么他要来了解这个产品或事业等。

第四步，约定时间。当你邀约的对象产生高度兴趣或需求时，就要开始进行时间和见面地点的约定，运用二选一的方式敲定对方时间，如果要老师协助，一定要事先和老师约定两个有空的时间。

第五步，强化邀约的效益。再次跟对方强调见面的好处和不见面的损失，可以用“保证法”来强化赴约的动机，再次确认见面的时间和地点并提醒对方。

第六步，挂上电话，开始做准备。确认见面时间后，立即打电话给协助沟通的上属老师，方便他们空出时间，同时也要根据见面的需求做好资料和沟通上的准备。

小故事

有一对结婚30多年的夫妇，平时最大的嗜好就是斗嘴，而且是一次比一次“毒”，常常伤人又伤己。

有一次，两人又为一件小事争吵起来，丈夫在气急之下脱口而出：“娶了你真是倒了八辈子的霉，跟你结婚不如跟头猪结婚！”

没想到，老婆竟然冷冷地回了一句：“放心，你不会有机会跟猪结婚的，法律明文规定，近亲不能通婚的。”

故事启示与直销心法

在这个笑话中，我们可能为老婆的机智反应叫好，却又为这两人斗嘴伤人担心不已。人在情绪来时，往往口不择言，说出来的话让对方心灵受到伤害，甚至引来对方的反击，让自己也受到打击。

所谓“一样米养百种人”，每个人都有不同的个性，都会经历不同的成长过程，对同一件事情的反应往往也会因不同的人而有所不同。因此，即使自认产品再好、事业再好、双方的关系再密切，对方依然有可能不接受你的产品或事业。

一次，一位主管向我汇报市场状况：一位新伙伴带着弟弟到沙龙找上属领导沟通事业，结果双方理念不同，在促成过程中，你一言我一语地“杠”上了。上属领导一时没控制住情绪，脱口而出：“你是不是男人啊！”新人很生气，跟他争执起来。

人是情绪化的动物，当人在情绪中或气头上，不管对方讲什么，就算道理再好也听不进去。相反，当人的情绪得到适度缓解，沟通起来就容易多了。

经营直销事业，进行电话沟通，我们必须学会面对一些预想不到的状况绝对不要一味地要求对方按照我们的想法去做，否则就会说出不该说的话；而是应该保持风度，越是情绪来时越要注意自己所说的每一句话或是控制自己少说话，因为这时候说出来的话十之八九都是具有杀伤力和破坏力的。

4. 迈向成功的第四步——ABC 法则

古希腊科学家阿基米德曾说过一句名言：“给我一个支点，我就能撬起整个地球”。这就是众所周知的“杠杆原理”。直销是一个借力使力的行业，在运作中懂得借力就能完成更多力所不及的事。

谈到直销事业的经验技巧，最广泛被运用的，非 ABC 法则莫属。然而，谈到 ABC 法则，大多数人的观念可能只停在销售与推荐运用上。其实，对于讲究团队组织运作的直销事业来说，ABC 法则运用的范围相当广泛，而且颇具成效。

（1）ABC 法则的含义

ABC 法则是三个角色的应用。先来解释一下“ABC”的含义。

A（Advisor），指的是专家、顾问、成功者、指导者，也就是帮助你销售产品、推荐事业以及辅导伙伴的对象。更广泛地说，包含团队中的领导人、团队和系统、辅销工具和资料以及成功见证分享等，任何可以借力的对象都可以是 A。

B（Bridge），指的是桥梁，即 A 和 C 间的联结桥梁，这是一个非常重要的角色，是决定 ABC 借力法则是否有效、能否发挥作用的关键。

C（Customer），指的是客户，即你要销售产品、推荐事业的对象。

更广泛地说，也可以是你要辅导的下属伙伴，借由A的力量来进行沟通的人。

（2）ABC 法则的关键步骤

应用ABC法则有如下五个关键步骤。

步骤一：交代基本情况。B角色在开会前应让A了解C的背景及基本资料（年龄、性别、工作、经济实力和健康状况），当A清楚地知道C的基本资料，就能事先准备和C的沟通方向及方式。B把C的需求分析（产品销售还是事业推荐）、B和C的交情、B和C沟通到什么程度，以及C以前是否接触过类似的产品或是经营过直销行业，是经营的哪家直销公司等这些资料准备得越充足，越有助于A和C进行有效的沟通。

步骤二：推崇。B角色引见C与A见面前，B要能有效地塑造A的专家、顾问的形象，让C建立对A的信任度，才能因为信任进行有效的沟通。当然，B向C有效推崇的同时，A也必须表现出专家与顾问角色应有的专业知识与权威形象。

至于推崇A的方式，可从以下四个方面来推荐。

一是A的成就和事业中的表现。在推荐时，越有效地推崇A在经营事业中所创造的成绩，就越能够建立C心目中成功者的形象。想想看，如果C知道A的事业经营出色，创造出很多优秀的成员和很好的收入，团队有多大，甚至帮助多少人完成梦想、改变命运，那么A讲出来的话是不是会有更重的分量？如此一来，C才会把A的话听进去。

二是A的专业性。如果C是销售产品的对象，那就可以推崇A的产品或相关领域中的专业度，推荐事业则是推崇 A 事业上的专业性。

三是 A 的背景。如果 A 在经营直销事业前有特殊性的专业或背景，例如，学历高或者传统事业经营出色，那么 A 的经历就可以吸引 C 的注意力，甚至让 C 产生兴趣，尤其是对急需转型的新朋友更是如此。

四是 A 的为人。如果你推崇的 A 是一个新领导人，也没什么专业背景，这时你可推崇他的为人或独特的魅力，这种做法也能在沟通前加深 C 对 A 的好印象。

步骤三：会前引言。见面时，B 应将 C 简单地介绍给 A 认识，并再度推崇 A 的成功角色。然后，B 要适度地做引言，让 A 以专家成功者的角色自然切入主题。引言要简明扼要，清楚点出这次见面的主要目的，时间大概需要多久，A 的说明方式会怎样进行，然后提醒 C 仔细聆听，暂时将通信工具关闭等，最后有礼貌地请 A 开始今天的沟通。

步骤四：陪同配合。ABC 法则运用时是要借出 A 的力量协助 B 有效地向 C 零售或推荐，因此，B 才是关键角色，千万不要以为既然 A 是专家与顾问，B 的角色就不重要。而且，在 A 讲解的过程中，B 要表现出认真且录音做笔记的良好学习态度和良好的组织文化，并且当 A 解说时，B 应当陪同在 C 的旁边，让 C 觉得你是和他“一国”的，而非 A 和 B 要联手对付 C。当 A 在发言或进行专业沟通时，B 要注意聆听并要积极地点头呼应，但要特别注意一点，既然 A 是专家，作为 B 角色，千万不要像个喇叭般响个不停，更不要在 A 讲话时插话，要尊重 A 的专业性。

步骤五：适时协助C提问。当A沟通完成时，询问C是否有问题，如果C没有提出问题，B可能了解C的问题，这时B可站在C的角度帮C询问问题。例如，经营可能遇到的问题以及如何突破或者如何起步等。但如果C已经表现想立即投入时，就不一定非要找问题来问。

小故事

有一只狗在旅途中穿过一片森林，来到一个宽广的河边，看到河水很湍急，狗觉得束手无策！这时，狗看到一只猫头鹰正栖身在河边的树上，就问它：你能告诉我怎么过河吗？猫头鹰从树上望着它说：很容易，你只要把自己变成一只青蛙就可以轻松地游过河了。狗不解地问它：可是我怎么变成青蛙呢？猫头鹰不耐烦地说：别问我，我只负责出主意而已，至于要怎么做，你必须自己想。

故事启示与直销心法

猫头鹰只能夸夸其谈，却无实操本领。由此可见，行不通的理论，永远只是理论，任何想法和创意，无法行动就是空想。在经营直销事业时，理论只是引导方向的指标，更为重要的是“实践理论的行动力”。唯有付出行动，并且持之以恒，才能看到具体绩效。“说的比唱的好听”和“说得吓死人，做得笑死人”，这是从事直销的人必须避免的两个误区，好的领导人不仅在于拟订计划，更在于以行动贯彻计划。

2013 年我刚上任，公司业绩处于最低迷时期，团队成员流失严重，领导人一点士气都没有。我去了一趟市场，回来后立刻拟定了业务政策，并从教育着手，走到最前线，在基础上扎根。我和业务总监 Peggy，搭配系统基训课程，白天结束了一天的课程后，就会立刻赶路，一个月整整赶了 25 场。Peggy 一直都无怨无悔地跟着我跑，是我执行业务中最好的伙伴和好友。伙伴们看到我们日夜兼程，知道了我和过去市场领航人的不同之处，异常感动，抓紧落实我提供的方向与策略，团队慢慢地步入了正轨并持续上升，仅用了短短的四年多时间，营业额就上升到百亿元。

我始终相信“言教重于身教”，能够鼓舞士气的，莫过于高阶经理人的身体力行。四年多来我以实际行动证明我和大家一起站在最前线，接受挑战，四年多来写下辉煌成绩，进入中国直销前五大。身为领导者，最重要的是身体力行，站在第一线，了解下属伙伴的感觉，了解下属市场的问题，并能以身作则，发挥带头作用，这将产生巨大的激励效果！

5. 迈向成功的第五步——促成

当沟通完成后会试着成交，此时B应该配合。大多数从事销售工作的伙伴，当然也包括直销事业伙伴，碰到最大的问题就是不敢开口要求成交，怕被拒绝。其实，这是造成无法成交的最大原因，因为不敢开口，使得很多机会白白浪费掉，甚至当对方有相当高的购买意愿时，却因你的不敢开口而不了了之。想想看，这么一来你的直销事业怎么能经营得好？团队如何稳定发展呢？

各位直销伙伴们，只要开口就能为自己制造机会。客户往往是不会主动购买的，你是老板，所以你应该主动些，否则你会丧失很多的机会。所以，忘掉恐惧，试着用下面的方法，勇敢地开口成交吧！

（1）试探成交法

当你真的看不出来什么时候可以成交时，你就可以用“试探成交法”，就像谈恋爱一样地去试探，就算对方的反应不是自己所想象的，只要不是太尴尬，还是可以继续交往。

当沟通告一段落时，可以向C提出暗示性的问题。例如，如果你觉得这个事业不错，你要付现金还是刷卡？这时客户从这两个选项中决定一个就达到成交的效果！

就算客户回答你还没决定时，你也可以笑笑说："当然，这可以等你有深入了解后再决定！那么现在还有什么你不明白的地方，需要我说明的？"

有时成交是为了挖出C的内心问题，并协助他一起解决，当问题被解决时，C才有成交想法，所以放心大胆地试着开口！

假设你问："你要一次买两套就能达成我们会员的折扣，你是要先带一套体验看看还是直接带两套呢？"如果对方有意见时，你就可以说："没问题，我只是怕我手上的现货没有了，你还要等到后天。"

你也可以问："如果这个事业你认同，是我大概说明一下直销商加入申请书给你听还是你想自己看？"

（2）富兰克林成交法

富兰克林成交法又叫理性分析成交法，由美国著名政治家富兰克林发明。这种方法，鼓励潜在客户考虑事情的正反面，突出购买是正确的选择。使用这种方法，是给客户一个交代，说服客户购买是一种理性分析的结果，而不是冲动行为。

顾客面临成交关键时刻，总是犹豫不决。这时，你可以拿出一张纸，把纸分成两半，先引导客户想出购买的缺点，再引导客户将购买的好处一一写出，两者比较，选择其一。由于你的引导，通常利一定大于弊，所以选择的结果自然是购买。

（3）二选一成交法

二选一成交法，可以减轻客户的购买压力，促成销售，有着巨大的威力。其精髓是，让客户在“这个东西”和“那个东西”之间选择，不在“买”与“不买”之间做决定。也就是说，不给对方说“不”的机会，例如：“你想要购买全套，还是想先买一件？”

如果知道他是一个比较谨慎的人，你也可以告诉对方你的建议，然后询问他的意见。例如：“我想既然你是刚开始使用，一次不要买太多，一箱就刚刚好，你觉得怎么样？还是要两箱？”

（4）额外好处成交法

每个人都有一个弱点，那就是或多或少地想占便宜。基于此，你可以向顾客提供一种有价值的东西，这种“有价值”是顾客不用付费的附加价值。在成交的关键时刻，告诉顾客你的产品不仅能满足他的预期需求，而且还能给予额外的利益或好处。例如：“这样好了，你都决定买一箱了，刚好公司有个新产品，是世界专利哦，如果你多带一箱，我送你一份，你回去用用看，保证效果让你惊讶。”

（5）特殊待遇成交法

人们就是喜欢不一样的东西，不少顾客认为自己是全世界最重要的人，所以给顾客特别待遇是不错的成交方法。例如：“××× 女士（先生），你是我们的老朋友了，我们的产品马上就要销售完了，这是我特别为你留下来的。毕竟，考虑老朋友的优先权是我们应尽的义务。”

（6）见证分享成交法

“之前的那位 ××× 女士（先生）开始也和你一样始终做不了决定，但她（他）使用产品后就说：‘真后悔没有早让我父母亲开始使用你们的产品，如果早几个月开始使用，现在已经康复了。’”这样，你就可以运用借力的方式，让其他伙伴多分享加入的过程，协助你成交。

成交时对于客户的问题，有时不要只回答“是”或是“不是”，可善用“反询问法”。比如，对方问“可以刷卡吗？”你应该回答“你要现在刷吗？”这样即使客户原本可能只是问问情况，此时也只好当场拿出来卡刷了。

小故事

森林里，生活着一群猴子。有一天，两只猴子走出了居住地，被一名猎人发现。猎人很高兴，拿起枪，追赶两只猴子。第一只猴子看到猎人，立刻转身一跳，跳上了一棵大树。第二只猴子，则陷入了犹豫中：如何才能显示我的神通，怎么跳才最好看？猎人看到了它，瞄准开了一枪，猴子白白丢掉了性命。

故事启示与直销心法

当我们在推销产品时，最终的目的是成交。有时，我们只要三言两语，就可以完成一桩交易，而不需要口沫横飞，向顾客显示你的才华。有时，卖弄本事反而会弄巧成拙，破坏交易程序而得不偿失。

我曾经听过有些直销商在教导他们的下属时说：“如果你的朋友拒绝你没关系，这种朋友不交也罢，刚好趁着这个机会看清楚他们，如果连朋友做的事业都不支持，那何必把他们当朋友呢！”

对于这样的观点，我非常反对。我必须提醒大家：每个人看事情的角度和立场不同，并没有绝对的对与错，有时候对直销不明白的人基于关心的立场劝你不要做直销，并不是要泼冷水。他们不是要伤害我们，只是他们不明白，不知道这样回应会伤害到我们。

就以我自己为例，当我 30 年前开始接触直销时，我的家人也曾大力反对。家人错了吗？难道他们不支持我？是他们不疼爱他们的家人吗？绝对不是，只不过在家人看来这是不稳定的工作，他们觉得朝九晚五的工作好像比较稳定，且更担心如果做不好受到挫折，不开心、不快乐怎么办！

尽管我们已经百分之百地认定直销是未来最热门也是最有发展的行业，但是，仍然有许多人的观念停留在“传销”非法的认识上，认为直销是传销。因此，在他们的想法中，早日把你从传销中拉出来是对你好，是在帮你。所以，他们没有错。可惜的是，这时，很多伙伴的反应强烈了一点，他们强烈反弹，受伤的自尊让他们开始“武装”自己。可是，对方不知道，他们看到这种奇怪的反应，更会觉得都是直销害的，害得他们的朋友变得功利、变得势利。于是，他们更相信直销不好，是害人的。

因此，我常常告诉伙伴，推荐一定要自然，我们是以百分之百的信念和热情与朋友分享。我们必须建立正确的心态：我就是因为把你当成好友，才把这么好的信息优先与你分享。接受了，我们可以一起奋斗努力；不接受，也绝不影响我们的友谊。

对方现在不接受，也不代表永远不接受，很可能是因为时机未到，因为对方的观念还没有改变，因为接受的信息还不够完整，也可能是因为我们的表现还没让他得到足够的信心。这时，我们对他的拒绝的处理态度就是关键。

当面对朋友的拒绝时，如果能以平常心坦然处之，不但不会影响彼此的情谊，反而会让他觉得我们是可以交心的真朋友。此后，我们一样和他保持情谊，继续提供相关的资讯。当他得到的资讯越多，当我们的成长与改变越来越明显，当适当的机会出现，他就会接受我们的推荐了！要记住，拒绝绝对不是推荐的结束，而是下一次推荐的开始。因此，当对方不接受我们的推荐时，千万想清楚用什么态度来回应，因为这是决定未来能否推荐成功与保有朋友关系的关键。

6. 迈向成功的第六步——跟进

《曹刿论战》是古言的名篇，主要讲述了曹刿对“长勺之战”的一番评论。

在长勺之战中，白衣出生的曹刿，靠着自己出色的才智，帮助弱小的鲁国打败了强大的齐国，为后人留下了“一鼓作气，再而衰，三而竭”的至理名言。对此，曹刿是这样解释的：作战靠的是勇气！第一次击鼓，能够让将士们振奋勇气；第二次击鼓，将士们的勇气就会低落；第三次击鼓，将士们的勇气就会枯竭。他们已经失去了勇气，而我军的士气正旺盛，所以最终就能战胜他们！

“一鼓作气，再而衰，三而竭”是形容作战士气的中国古语，同样的情境也可以用在顾客购买的心理。当我们尽全力做好产品说明或事业介绍，并成功引发客户的购买需求后，顾客会有强烈购买的欲望。然而，这股冲动会随着时间及事后为自己找寻理由而变得越来越薄弱。因此，有效的后续跟进，就是最后成交与否的关键要素。

如果邀约是一切行动的开始，那跟进就是确保绩效的法宝。但对经验不足的直销伙伴而言，不知道什么时间是跟进的时机，跟太紧怕对方觉得压力太大，跟太松又怕跟丢了。跟进的技巧也是一个问题，伙伴们就会觉得该说的话沟通时都说完了，不知道跟进的时候还要说什么才能让对方下决心。记住：“进单不一定进人，进人不一定会启动”。什么时间该跟进？我强烈建议在沟通后的48小时内做有效跟进，消除对方的疑虑或问题，发掘他们对这份事业的兴趣，帮助他们做最后的决定，让他们成为你的事业伙伴或者客户。

（1）对不同人的跟进方法

一是成交事业的新人。你必须扮演上属角色并指导新人工作，协助新人融入团队，参与聚会及会议，并配合上属领导；根据团队启动新人培训计划帮助新人起步，随后启动事业经营计划。新伙伴加入最初的3个月是关键期，第90~100天是非常关键的时刻，你要持续跟进并落实陪同运作的各项工作，让他在3个月内要有成绩，否则3个月后新人“阵亡”的情况就很可能出现。

二是成交消费型的客户。对于我们竭尽全力解说产品后顺利成交的客户，我们可运用“一四七服务法则”来跟进。一四七服务法则的意思是：第一天电话联系客户，表达感谢与关心之意，并确认对方是否开始使用产品，再次确认产品使用方法是否正确；第四天一定面对面地关怀，再次确认对方使用产品的方法是否正确及产品用量是否足够；第七天可邀约客户参加聚会，听取更多成功者的发言，强化客户使用产品的信心。在这之后，每隔七天一个关怀，然后再邀约，使其成为稳定的产品使用者，进而可以通过转介绍或转经营的方式来深挖人脉，延伸市场。

三是未成交的客户。经沟通后未立即成交的客户，你必须准备各项数据，如团队的辅销光盘等，通过提供更多的信息，来激发他们的兴趣，强化他们的意愿。实务中，你会发现很多朋友不一定第一次沟通或参加会议后就会马上决定加入，这时不要感到气馁或是觉得被拒绝了，要以正面乐观的心态积极跟进，提供更多的信息让对方相信你，相信公司、产品及团队，解决对方的困惑或问题。

（2）跟进过程中要注意的问题

在跟进过程中，一定要注意成交固然是跟进的主观期望却非唯一的目的，一味地想做成生意的跟进态度，会让对方觉得你像推销员一样，死缠烂打会造成压力，最后就会前功尽弃。

耐心地聆听客户的需求，提供给他们解决问题的方法，按照销售的循环步骤循序渐进，强调客户最感兴趣的话题，最终的结果一定是圆满的。除了电话与面对面跟进外，也可以采用通信软件或卡片短函，亲笔书写卡片短函可给人留下深刻的印象，也是相当值得采取的方法。

（3）跟进表格的制作方法

除了跟进过程中要注意的问题，跟进表格的制作，可根据客户状况采取相应的跟进方式，并设置邀约情形、面谈情况、跟进情况、结果评估等，如表 4 所示。

表 4　客户访谈记录

基本资料	包括姓名、性别、年龄、社会关系等项
家庭情形	
工作情况	
经济情况	
理想目标	
其他事项	
邀约情形	包括：邀约的时间（年、月、日、时、分）；邀约见面的地点；客户在邀约过程中的反应
面谈情况	1. 2. 3.
跟进情况	1.（解决方案） 2.（解决方案） 3.（解决方案）
结果评估	

小故事

有一对乡下老夫妇，他们的独生子在就读于哈佛大学时意外死亡，老夫妇伤心不已。为了纪念死去的儿子，他们跑到哈佛大学告诉校方，他们要捐款建立一座图书馆，并以他们儿子的名字为图书馆命名，以此作为纪念。

校方接待人员看到这对从乡下来的老夫妇穿得破破烂烂的，看起来也没有受过什么教育，心想他们对于建图书馆需要多少预算根本没概念，于是就拒绝了他们的要求，而且摆出非常傲慢的态度。无论这对老夫妇如何请求，就是不为所动。老先生实在不忍心看到丧子的太太一再拜托却被拒绝，于是和他老伴说：算了吧！既然他们不愿意，我们干脆自己建一所学校来纪念爱儿吧！

这所新建的学校，就是后来名满天下，几乎与哈佛齐名的斯坦福大学。

故事启示与直销心法

不以貌取人，是做人做事与发展人际关系的重要法则，过于现实或势利眼，不仅会让自己的人际交往无法顺利开展，还会失去很多机会。经营直销事业同样如此。

在列名单的基本功当中，有一个基本法则——不要帮对方算命，因为我们永远都不知道哪些人会一飞冲天。要给下属提供同等的机会，耐心观察他们对事业的投入和信心，不能在一开始就主观地认定谁是“大老鹰”、谁是“小鸡”。不同的人，要不同对待，要慢慢地选出将才，培养更多的人才，然后让组织发展壮大。

直销事业运作中，开发出一个“大老鹰”，对事业将是一大助力。很多伙伴都会兴奋地告诉我：“总监，我最近开发到一个‘大老鹰’，我觉得自己今年的业绩肯定会有很大的突破！”这时候，我就会问他：你从哪里看出他是‘大老鹰’？伙伴回答说：“他长得不错，人脉很棒，口才也好，有远大的计划，说以他的能力3个月就可以当上副总。”我问：“启动了吗？

进团队多长时间了？”伙伴说：“噢！昨天刚来，手续还没办好！”

3 个月后，我又遇到这位伙伴，我问：“3 个月前的那只‘大老鹰’当上副总没？做得如何？”伙伴沮丧地告诉我：“总监，他根本没加入，只想向我借钱。”

直销运作中我们经常碰到“说得吓死人，做得笑死人”的情况。其实，一个新人能不能运作好，并不在于他的外在条件，如果没有经过时间的洗礼，谁是“老鹰”谁是“小鸡”那是无法认定的。因此，面对每一个下属都不要以貌取人。有些条件好，能力、人脉甚至社会历练都相当出色的对象，只因心态和身段无法调整，终致中途“阵亡”；相反，刚开始不被看好，却愿意不断深耕自身能力，在组织的展开方面也能渐入佳境，进而发展出庞大的组织，这样的人前途一片光明。

此外，在辅导市场的过程中，我发现很多直销商甚至业务主管为了提高业绩与绩效，只愿意接金额大的单子，如果低于其设定金额，则会不屑一顾，甚至任由其“阵亡”。如此看大不看小，不但会造成人才的流失，还会引发市场的负面信息，得不偿失。

急功近利，不利于直销团队的发展。每个人的先天条件都不同，大单金额，就一定是人才、就能启动吗？单子小，又如何认为他会发展不好呢？作为直销人，不管进单大小，都要平等地做好服务与启动，坚持“诚信赢天下”，真心待人，才能走得更长更远！

7. 迈向成功的第七步——新人启动

直销团队需要长期的发展与壮大，当新人进来，接下来的重点便是如何启动新人，以提高新人成为骨干的概率。如果能借由启动快速培养更多的新领导人才，就能为团队创造更大优势，就能让市场不只限于短期爆发，而是真正获得长期的深耕。

就我的经验而言，当一个新人进入直销行业，团队及上属领导人在培养他们的过程中，应当重点培养新人落实真正的作战能力，以使他们成为“超级老鹰”。下面就来谈一谈新人启动的重点和技巧。

（1）帮助新人认同直销行业

许多做直销事业的伙伴其经营的目的就是赚大钱，想通过这种商业模式快速成功，但部分伙伴其实对直销并没有正确理解，没有真正从心里认同和热爱直销行业，甚至“对外表现直销人里面却藏着直销鬼”，所以尽管条件、能力都不错，却始终无法真正发挥，甚至在内心深处藏着许多消极念头。比如：万一被人家知道我在做直销，会不会对我有什么不好的想法？直销这个行业是不是有发展潜力？新人心中充满各种负面的想法，这对入行有害无益！对于直销，新人只有相信才有力量！没有真心的认同，就没有理直气壮的分享。只将直销当成赚钱的机会，以短期经营炒作市场，无法真正挖掘直销的魅力与价值。

要真正了解“什么是直销”“直销如何做”，才能成为真正的直销专家。因此，如何正确引导新人认同行业至关重要！如果上属还不是独立领导人，辅导和培训新人主要是靠团队，那么最佳的方式就是带着新人融入团队，参加会议，聆听成功者经验分享，这样就能强化其内在的信心，强化“一定要成功”的决心，使其发自内心地认同和热爱这个行业。

（2）灌输正确观念，帮助新人学习改变

在直销事业里只有两种人做不起来：不愿意改变和改变速度太慢的人。仔细想一想，这是有道理的。有伙伴想要成功，却不愿意改变行为和观念，所以来会场时他们总是抱着“只是来配合”的想法，而没有将这种行为真正地融入生活中。“配合”一阵子却无法长久勉强自己，就会慢慢远离会场，最后中途“阵亡”了。

或许很多伙伴会说，改变很困难。这一点我不否认，这也正是为什么要创造一个直销环境的原因所在。事实上，改变只是一种意愿与决心，如果意愿与决心够强，是可以通过环境的转换，影响他慢慢改变的。因此，陪同新人通过一些数据阅读与学习，强化必要的专业知识，通过不断地转变和调整，最终可以创造出辉煌的成就。

心态和观念，是经营直销最重要的部分。“大老鹰”和普通伙伴最大的区别不是能力和技巧，而是心理素质和观念。对于新人的加入，上属要树立正确的观念：直销的观念，会场运作的观念，团队、伦理的观念，白

我检讨和成长及成果导向的观念，快速学习的观念，借力使力聪明做直销的观念……只要有这些观念，就会慢慢有概念，就会知道什么时候说什么话，什么时候做什么事。

（3）完整的发展规划及市场开发运作陪同

直销是一份事业，事业要成功就必须进行完整规划。经验告诉我们，90% 的人无法成功，是因为他们只是在家里幻想成功而缺乏有规划的实际行动。因此，作为上属，你的指导工作非常重要，要用自己的经验协助新人进行完整的规划。

帮新人进行发展规划和复制工作一定要做简单化处理。辅导新人最大的问题是复制过程过于复杂，总希望新人一进来什么都能在最短的时间内学会，却往往因为操之过急，让新人产生挫折感，“阵亡”的概率大幅提高。对新人而言，简易上手的工作、快乐且具有激励的环境是提高成功率的两大关键因素。

协助新人进行市场开发运作需要哪些步骤？第一，要清楚地告诉新人开发的步骤（也就是业务流程）以及真正照着步骤进行市场开发运作。第二，要示范陪同新人进行市场开发运作，即使列名单这样最简单的工作，如果你不去帮助、督促、协助刚加入的新人，他们可能连这一步都踏不出去。在示范陪同新人进行市场开发运作的过程中，也要提供新人完整的数据和信息及使用公司或团队所提供的工具，包含开拓市场的推荐手册、展示光盘等资料、能促使新人起步的启动手册或强化绩效手册，让新人按部就班地去做，简单重复地行动，使他们能在最短时间内产生业绩，向成功目标前进。第三，鼓励新人大量体验产品和深入了解事业，并进行有效的培训，培训内容包括介绍公司、产品、事业机会、制度、运用会场力量等。

同时，要求新人每天进行汇报工作，与上属保持密切联系，这样便于了解新人状况，强化其信心，帮助他们解决所遇到的问题，避免产生挫折感，当有成交时一定要将心得分享，并随时给予公司各项信息或新培训、新活动的传递。

（4）做好协助工作，降低和避免发生问题

新人做不好的原因通常在于：专业不足、态度不对、技能不强、执行落实不力、习惯不好等。如果我们一开始就协助他们做好规划，便能将这些问题的发生率降到最低直至避免。为了避免新人一开始就因为错误而中途“阵亡”，要协助做好心理建设，适时打“预防针”。

第一，不要当大喇叭，破坏市场。很多新人刚接触直销时，因为兴奋到处分享，但由于自己还没深入了解，专业知识也不足，更没有处理问题的能力，所以很容易就因被拒绝或泼冷水“阵亡”。因此，在自己未了解前不要到处乱说乱做，一般人对于自己不了解的事情通常都会排斥抗拒。直销新人要学会“48 小时沉默法则”，接触直销事业后前两天先沉淀，将可能的问题列出来并和上属讨论，绝不要在还没学习专业或正确方式前到处乱分享，这样就会造成伤害。

第二，不要用自己的想法或做法乱做。直销新人最容易犯的错误就是

听不懂话而是照自己的经验做。并不是过去的背景经验没有任何用处或不能用，直销追求的是速度，减少错误和摸索的时间就是加快成功的速度，舍掉已经成功的模式和方法靠自己摸索，并不是聪明的做法。

第三，压缩成功的过程。直销的成功是从事传统行业几十年都无法轻易得到的，大多数伙伴做不好就是因为只想成功，却忽略成功应当付出的代价，或是存在不劳而获甚至一夜暴富的投机心理。直销需要脚踏实地、按部就班的过程。因此，一开始就要让新人清楚地了解，否则花了精力辅导伙伴最后才发现全都是误会一场！

以上所谈的都是针对新人在一开始的心态、观念与基本技巧，目的是让新人一开始就建立“大老鹰”的思考模式。一旦思考模式建立起来，再搭配基本工作引导并配合团队运作，最后慢慢将领导人工作注入，我们便能培养更多小A及A角色，更多领导型团队，快速有效地建构个人优势和团队优势。

小故事

有个天生患有严重口吃的人，工作一直不顺利。有一次找到了一个产品销售的工作，很快就开始了他的销售业务。说也奇怪，他加入销售的第一个月，业绩表现竟然是全公司第一名。因此，老板就请他在会议上分享销售成功的要诀。他在分享时还是一样口吃，他说：“我……很荣……荣幸，其……其实，我也……也……没有……没……没……

什……什么……秘……秘诀，我……我只是……每一家……去……去敲……门，然……后跟……主……人说，我……我给你……你……介绍……这个……产……产品，它……的第一……条是……，第二……条是……，我就……一……条……一条地念……念……到第……五条，客……人就……受不了了。我……就问……客……客人……说：我是……继续……继……续……念，还……还是你……自……自己买……买……一本……看……看呢？”

听完这个口吃销售员的介绍，很多人都买了他的产品，以免耳朵再受罪。

故事启示与直销心法

这个故事虽然是一个笑话，但也提示我们一个很重要的道理，直销事业，不重学历、不重背景、不重经验，只要肯努力，发挥锲而不舍的精神，每个人都有成功的机会。所以，千万不要轻视任何人，因为任何人都有可能是一位帮助你成功的“大老鹰”。

第五章

学习提升，为巅峰的事业而走

『直销是一所没有围墙的大学』，进入直销行业也就开始了一个学习的过程。直销建立的是一种学习型组织，它所提供的教育培训，已经远远超越了这个行业本身。直销是利用生意机会去培养人，而不是利用人来建立生意，直销在推动个人成长方面的价值值得我们去大力推广。所以，一旦加入，就加入了一个世界上优秀的培训支持系统，它能帮助我们解决时间和金钱的矛盾，帮助我们早日实现自己的梦想，成就巅峰事业。

1. 学、做、教与复制

直销事业是重视学习与成长的事业，多数伙伴谈到直销事业都会想到“学、做、教”。然而，到底要如何“学、做、教”呢？多数直销伙伴还停留在嘴巴上，或是放在心里，从没真正去落实。其实，“学、做、教”都是有步骤有方法的，直销新人尤其需要学习。只有学好“学、做、教”，才能实现成功“复制”。

（1）学：打牢直销基础的必经途径

学就是“学习”，它是这三阶段中比较容易了解的，也是最容易做到的部分。尤为重要的是学习，学习是打牢直销基础的必经途径。

直销事业强调的是帮助人们在最短的时间内致富，因此当组织快速成长与下属发展越来越多的时候，我们的成长速度也要跟上组织发展的速度，否则就会产生以下几种状况：

第一，缺乏具备足够的能力来帮忙下属，当下属进入得越来越多，我们会越来越有无力感。而当下属得不到适当的支持时，慢慢地就会越来越缺乏动力，甚至当遇到问题请教上属时，上属因为自己的学习速度太慢，能力不够健全，无法有效地解决问题，问题就会越积越多，最后影响整个组织的发展。

第二，如果上属老师无法借由有效的学习快速成长，很快就会被下属超越，这个时候下属就会产生“上属不如我”的想法，使得组织伦理与运作遇到相当大的困难。

第三，如果一个经营直销事业的伙伴无法“有效学习”，除了会对未来发展感到茫然外，也会因为自己的能力没有得到有效提升而感受不到直销事业带给自己的成长与帮助，其内在自我形象与自信也就无法有效提升。

曾经看过有家直销公司，因为产品的独特性，在进入市场后很快发展壮大，在短短的时间内业绩成长近30倍。然而，在业绩与组织快速成长的过程中，领导者的学习与成长的速度跟不上。结果，当市场对该产品的新鲜感不在，出现许多类似替代产品时，组织很快就大幅度衰退，最后几近瓦解。所以，在经营直销事业的过程中，一定要有“归零”与“空杯”的心态，要像海绵般不断地吸收对我们有用的资讯、知识与技能，让我们为成功的到来做最充分的准备，不要到时因组织发展速度过快而感到措手不及，将大好的机会拱手让人。

在直销事业中，学习的来源有以下几种。

第一，公司或团队组织举办的聚会，一定要每会必到。在各种招商会、销售聚会、定期聚会等会议中，不断地认真重复学习各项直销员具备的知识与技能。当对这些知识与技能都相当熟悉的时候，在底下听讲师讲述时用心思考，如果自己在讲台上，会不会比讲师讲得更好、更棒、更容易被人吸收？因为当你如此想时，你已经开始将过去所学的一点一滴化成自己的一部分，这样的学习才能发挥真正的功效。

第二，要向上级与成功者学习。要知道每个人都有相当大的成长空间，当我们观察早期进入直销事业的“上属人群”“成功人群”时，只要用心程度够、心态端正，一定会发现上级及成功者有许多地方做得比我们好，这就是我们应该加以学习的地方。一个成功者之所以成功，一定有其理由，这个成功的理由就是最宝贵的部分。因此，当我们听成功者分享，绝不是边听边羡慕，而是边听边吸收。到底是什么原因使他可以做得比自己好？什么原因让他能获得成功？这些就是对我们最有帮助的地方。

第三，参加各种分阶级训练课程。参加设计完整的训练课程是促使自己成长与提升自我能力一种相当快速而有效的方法，加上现场气氛的感染与团队学习的激励，往往能得到意想不到的效果。训练课程固然对我们大有帮助，但千万切记，我们参加训练一定要有目的，一定要根据自己的需求来做选择，绝对不要“为上课而上课”。问你为什么要参加这个课程，你却回答说“我也不知道，上级叫我来的”或是说“我也不知道，别人推荐的，说不错，我就来了”，这就是“为上课而上课”。要知道任何课程都是时间与金钱的投资，所以要很清楚自己的需求，进行筛选。

长久以来，在我每次规划课程之前，我都会向各阶段的伙伴了解他们遇到的问题与对市场现况分析，既可以在课前了解他们，也是让双方明白各自的需求。不要人来了却不知道为何而来以及来上课到底要得到什么，一定要先清楚分析自己缺少什么能力，再选择真正对自己有帮助、能弥补自己不足的课程来参加。

第四，借由纸媒来帮助自我成长。我和朋友聚会时常常有朋友说我很另类。我问他为什么另类。他说：“你很爱看书，从书中吸取知识，但我看到的许多直销人都不爱看书，更没有逛书店的习惯！”朋友这一番话让我思考许久，为什么他会有这种想法？想了许久我发现，他的想法其实是有一定道理的。一般经营直销事业的伙伴都很忙，时间很少，加上阅读的多为与专业知识有关的书籍，却常常忽略其他书籍或资讯的收集。要知道，在现在高度竞争的社会中，知识与资讯是最大的力量，充足的知识与资讯可以帮助我们寻求更有效、更简洁的经营方法，也让我们与各类型的客户有更好的沟通，更能帮助我们以有效的方法与途径解决问题。

（2）做：学以致用方为有效的学习

勤于学习，会让我们具备许多新知识、学到许多新方法。然而，在实践运用前，我们还只是“知道”，无法确定这些方法管不管用、适不适合自己，没有行动就没有任何成效。但是，新知识与新方法如果不加以应用，我们永远无法领略其中的精髓，就无法让这些新知识、新方法帮助我们改善未来。所以，“学”了以后就一定要切实去“做”。

做也就是以实际的行动去实践我们所学到的，学以致用，我们才会有所得，才会知道自己的不足或是知道可能犯的错误在哪里，而且借由这些做了之后的心得累积我们的经验，这些宝贵的经验是帮助我们成功的关键。

（3）教：错误的意义是不再犯错

不管做任何事，都可能遭遇一些挫折。可是，就像萧伯纳所说：“成功是经过多次的大错之后才得到的。”要努力从错误中学习教训，告诉自己下次遇到同样情况，绝对不能再犯相同的错误；只有将遭遇的挫折与所犯的错误当作修正方向、再次瞄准目标、向成功前进的凭借，才不会再犯同样的错误，因错误付出的代价才会有价值。

记得过去带团队辅导伙伴过程中，我一定会要求伙伴详细记录每天的经营过程，不单要记录成功的经验，更重要的是记录那些失败的案例。成功的经验虽然可以带给我们信心，失败的教训却能够让我们清楚地看清自己的不足与错误之处，并有效地弥补与改正错误，我们的能力才会不断地提升，才会不断强化直销市场的竞争力。

我非常喜欢金克拉先生的一句话——“要成功，你得向‘导致成功’的失败经验学习。”每件事情的发生都是可喜的，因为你会提早发现问题，不会等到问题严重到不可挽回的地步才来后悔为什么没有早点注意。任何挫折与困难，在到达终点之前只是过程，只要这个过程有助于圆满结果的出现，那它都是值得且有意义的。

不过要注意的是，要让从错误中的学习发挥具体的效果，前提是我们必须以正确的观点来看待且坦然面对它，不要不断否决自我。举个例子，在我们经营直销事业过程中，无可避免地会遭到一些拒绝，这时正确的想法应该是“我一定有些地方没有做好，把问题找出来，下次绝不犯同样的错误”，而不是不断地告诉自己“我什么都做不好”“我实在太笨了”“我早就知道自己不适合做直销”，等等。这是因为，当我们不断将所有的原因归咎在自己身上，而不去客观地分析事业，我们就会习惯将自己视为“失败者”。如此一来，我们会把“犯同样的错”视为理所当然，因为我根本不是直销“这块料”啊！如此一来，会有什么结果？一种可能是真的确信自己根本没有一丝一毫适合做直销，干脆放弃不再做任何尝试；另一种是把自己的错误直接“合理化”，因为我的能力只能做到这里，犯错是“理所当然”的。所以，经营直销事业千万要避免这个误区。毕竟，不花脑筋的“自怜自哀”或“自我怪罪”要比绞尽脑汁分析失败的原因并从中学习经验、细心筹划下次工作应该如何做要容易得多。

有一次，几位高阶领导人吃饭时彼此交流经验，一位伙伴说：“做直销事业很有成就感，但是做了这么多年，有时还真的很累。”另一位接着说：“是啊！真的好累，都辅导不完，害得我现在都不敢增设部门，怕时间不够，没法好好照顾。怎么会这样呢？别人是找不到人做，我们却担心人进来太多，辅导不过来。”

听了这些伙伴的话后，我笑了笑。我为什么笑呢？因为我非常明白大多数经营直销事业的人，到一定阶段常常会碰到这个老问题。为什么这么说呢？直销既然是个借力与协力合作的行业，为帮助下属有效地经营，上属自然花很多的心力辅导下属，帮助下属解决问题，甚至在ABC法则运作中，当下属人数还不多、组织还很小的时候，领导人的时间虽然安排得很满，还可以勉强应付。然而，当组织慢慢扩张，第二代、第三代的下属产生，如果你没有训练出能独立运作与帮助下属的领导者，是不是他们一遇到问题就来找你？此时，别说上万人的组织，只要你的组织有 100 人，这 100 人除了你没有别的能独立运作的新领导者，所有的 ABC 运作都要你亲自去，所有的问题都要你亲自来解决，所有的伙伴都要靠你亲自规划辅导，那你会忙死，下属们依旧无法得到足够的照顾。

所以，要做直销，就要让组织顺利运作；要让组织顺利运作，就要有效地将经验传承，让下属成功复制。如此一来，下属才能成长，才能成为独立运作的领导者，你才能越做越自由，越做越有成就感。

（4）复制：传承经验，有效复制

经验传承，旨在复制。人人都说“复制”，但是真正能建立复制管道与方法的绝对不超过 10%。下属也知道复制，问题是他们根本不知道如何有效复制。

直销事业经营者必须知道，可复制的经验传承绝对不只是经验分享，一直以来我常常参加伙伴举办的招商、培训及各种训练会。台上的讲师（通常是高阶的成功直销商）讲得都非常棒，尤其是自己的亲身经历，讲来真的能深入人心。有时，感人的心路历程连我都听得热泪盈眶。然而，这些分享通常只能发挥激励的作用，下属无法学习，更谈不上成功复制。问题在哪里呢？问题在于这些经验没有经过整理，没有经过消化成为可供“依样画葫芦”的“复制模式”。

要实现有效复制，必须注意以下四个步骤。

第一，将成功经验“标准化”成可复制的“直销心法”。这里，我们就以普通新进伙伴经常被困扰的邀约来举例说明。“上属群”累积了一定经验后，一定要对邀约的方法或技巧有所心得。这时候要想传承，就要花些时间集中讨论，将邀约技巧归纳成一定的邀约模式与步骤，明确每一步骤的具体方法、具体的注意事项等。需要特别注意的是，要明确这些步骤的每一点，易于复制，清楚地知道每个动作。此外，“标准化”的动作也非常重要。没有一套标准，管理者A教的是一套，管理者B教的是另外一套，不仅会让下属感到无所适从，下属在传承时还容易发生偏差，出现第3个版本、第4个版本。如此，复制的工作怎么可能顺利进行，如何才能发挥出最大的经验传承效果？

第二，复制要“简单化”。许多人都知道，直销要经营好，往往是“简单的动作重复做”，功夫下得深，成功自然顺势而来。在复制的过程中，简单尤其重要，过于复杂的东西，不但打击下属的信心，更会因为复杂造成复制时的偏差，每一部分差一点，加起来可就相差十万八千里了。因此，在传承时，一定要将经验有效整理，去掉烦琐的部分，将操作过程简单化，并以简单易懂的说法与例子说给下属听。如此一来，复制才能发挥实际成效。

第三，教导复制一定要以身作则，示范陪同。在学习过程中，人们通常不是听我们如何说，而是观察我们如何做。

有一次在街上我听见一个小孩和妈妈的对话。小孩说："妈妈！妈妈！我和你说，好可怕哦，今天在回家的路上我看到一起好严重的车祸，有好几百台汽车压在一起！"小孩的妈妈一听非常生气，就大声地斥责孩子："我和你讲过几千次了，讲话不要这么夸张。"

我想，这位妈妈就算真的跟她小孩说了很多次，然而她真的达到了"讲过几千次吗"？她自己说话都这么夸张，却要求小孩不夸张，真的是相当困难。相同的道理，如果你告诉下属，做直销要充满热情与活力，而自己却每天无精打采，永远一张扑克牌脸，不管你再怎么说，他们的表现也一定和你一样。因此，教导复制一定要以身作则，以自己的实际表现让下属观摩、学习与复制。

第四，在观摩、学习与复制过程中，要让下属实际演练。

曾经有个直销伙伴问我："总监，我教下属很多邀约技巧，而且讲得真的很清楚，可是不知道为什么，他们就是不愿意实际去邀约，我真的不知道问题出在哪里。"其实，下属不去邀约的原因很多，但经过了解后，我发现这位伙伴在传承中，也就是"学、做、教"中"教"的部分做得很好，讲解得很清楚、仔细，但问题就在于，他只是"讲"得很清楚、仔细，所以，他的下属听得很清楚，不是缺乏动力，而是他们没有实际操练的经验。因此，他们不知道如何去做，也没有信心去做。所以，复制的过程中，一定要让下属在出去之前便能实际演练，让他们熟悉整个流程与技巧，并找出不足，反复演练。还以邀约为例，当他们理解后演练几遍，他们会慢慢熟悉，并且掌握应用的关键。接下来，上属只需陪同他们实际做几次，他们就能独立完成作业了。

直销事业，除了“学”与“做”之外，一定要有效地“教”和有效地“复制”，让下属在传承中复制，这样你的“分店”才会有行动，有真实的生产力，也才能发挥倍增的力量与效果。千万不要把“学、做、教”当成口号挂在嘴上，而无法发挥实际的强大力量。

小故事

从前有一位先生习惯骑着毛驴去上班，不仅常被同事笑话，甚至也常常因为晚回家而让太太非常生气。就在他太太每次都为他晚回家而抱怨不已时，他决定告诉他太太原因。他说：“请你务必要理解我的困难，每当下班的铃声一响，这头毛驴似乎已经习惯了，所以尽管我只是慢了几秒钟，它就已经自己走回家了，你知道吗？其实，就是因为它每次都先走掉，害得我没有交通工具，才会拖到这么晚才回家，这就是问题所在。”

聪明的先生觉得自己这样说真是太有道理了，太太也没有办法再因晚回家而责备自己了。没想到，他的太太却说：“我非常了解，连一头笨驴都知道什么时候该回家，有的人却是连头笨驴都不如。”

故事启示与直销心法

有时候，人们习惯找借口来为自己的失败开脱，使自己的行为合理化，当一切行为都变得有借口时，人们便不会尽全力付出或努力，成功的概率自然就会大大降低。

直销是注重自我管理的事业，成功的关键点就在于自律，一旦设定目标后，就必须竭尽全力去完成。中途当然也会有障碍、挫折，然而，既然我们想压缩成功时间，自然要付出更多代价。因此，一个决心在直销事业获得成功的人，应该清楚地懂得什么该做什么不该做，而且绝对不会给自己找借口作为放松的理由。一旦养成自律的习惯，不仅能让自己更快迈入成功之列，也能够有效地影响下属，发挥“用文化来领导”的力量。

直销是个自由行业，每个人都是老板，任何人都没有权利要求另一个人必须做什么或不做什么，甚至当下级因为个人因素或生涯规划要放弃事业中的成功机会时，上属也只能进行深度沟通，没有权利强制要求伙伴不能有自己的选择。毕竟，是否想将这份事业继续经营下去，完全是个人的意愿。因此，懂得为自己的生命负责，有良好的自制力和自我管理能力，也就成了能否保证事业成功的关键。

记得在团队里，曾经有一位领导人和我说：他有一个伙伴，个人能力和条件都相当出色，私下里他们也是相当谈得来的朋友，刚开始经营直销事业的时候，发展得还不错，可是存在一个很大的问题就是这个伙伴的生活习惯。我问这个领导人："你的伙伴有什么样的生活习惯？"这位领导人说："她从来没有准时开过会，甚至答应别人的事情也总是不放在心上，忘东忘西，交代她准备的东西也从没备齐过，这样的习惯怎么带得动她的团队呢？"

不可否认，事业刚开始的时候，确实可以依靠个人的能力和说服力创造出不错的业绩。可是，一旦形成团队，个人一旦放松了自我管理，是根本带不动下属伙伴的。用不了多长时间，下属就会抱怨连连，甚至对上属失去信心，继而造成团队的萎缩。不改变个人的生活习惯，不懂自律和自我管理，不仅无法在直销事业上取得更大的成绩，经营其他任何事业也不会成功。

自律与自我管理为什么是成功的关键？我常听到朋友们说"减肥是一种心理状况"，我觉得这话非常有道理。想一想，为什么有的人一旦下定决心减肥就能够减肥成功？就是因为他知道以目前的身体状态，自己应该少吃多动，正是这种内在的自律精神，让他能够抗拒美食的诱惑并忍受刚开始运动的辛苦。相反，缺乏自制力的人，则仅仅知道该这么去做，却始终没有行动，不能鼓励自己去做。因此，该做的都没有做，减肥在他的生活中就永远只是重复出现的口号而已。

只有懂得自律、做到自律，才能够优先去做该做的事情，才能够站在成功的第一线，自律是提升自我与经营事业成功不可或缺的重要因素。

2. 学习是直销事业中取得成功的最低要求

正如前通用电气公司总裁杰克·韦尔奇所言——“21世纪的核心竞争力在于大量学习，并转化为行动的能力。”我们都知道，直销事业复制成功的关键点在于学习，而且是有效的学习。懂得学习成功者的经验，才能缩短摸索成功的时间，找到复制成功经验和模式的精髓。如此一来，也才能真正聪明地做直销，而不单单是靠努力做直销。

（1）把握有效学习的要点

记得有一次在南方市场有领导人问我：“总监，我有一个伙伴从开始加入就跟着团队学习计划，该来会场的时候也会来，该上的课都没有缺席，他那么有心配合来做，为什么始终没有成绩，这么认真成绩却出不来？”现实中，尽管每个经营直销事业的伙伴都知道必须通过学习来复制成功，但是虽然也很认真地学习，甚至该上的课都上了，为什么学习换不来成绩？久而久之就开始怀疑学习的效果。问题到底出在哪里？其实就在于只有“形式上的学习”而没有真正的“有效的学习”。

什么是有效学习？如何才能让学习换来成绩？我们应该把握以下几个要点。

第一，懂得学习的目的。直销的学习和一般学习不一样，不是“形式上的学习”或“为学习而学习”，而是为达目标而学习，是为了提升绩效而学习，所以清楚地知道学习的目的以及将所学应用在实务工作中，这是非常重要的。

第二，用心体会。我们的伙伴到底有没有真正懂得学习的目的？他们虽然花了时间在学习上，但是有没有用心体会或用心思考如何应用？有的伙伴在上课过程中只用心听老师所讲的内容，然后一字不漏地把它抄下来，而有的伙伴在上课过程中则注重思考这样的问题：为什么老师要特别提到这个重点？老师特别提到肯定有他的用意。

在带领公司时，每年我的教育计划一定是随着业务方向进行调整的。2014 年进人，2015 年扩大经营版图，2016 年调比例，从 2017 年开始转型，慢慢地强化直销运作核心，因此针对过去只知道销售的直销商加重了推荐的运作，倍增经营人数，如在小 A 培训中，就会强化推荐四大步骤：改变的必要性、直销行业的未来性、公司优势的分析、成功的保证。

我为什么要把“改变的必要性”放在第一位？其实原因很简单，当一个人没有需求的时候，我们讲再多的东西，把事业讲得再好，他也觉得跟自己并没有什么直接的关系。所以，如果没有把心门打开，讲得再多都没有用。因此，让其“改变动机”是推荐事业过程中最重要的步骤。

在培训中，我发现许多伙伴在学习的时候，只是很用心地把上面的

4个推荐步骤记录下来，甚至背起来。然而，就算他们能够背出这4个步骤又如何呢？他们有没有将学到的东西应用到实践中来调整他们的行为模式？他们有没有从“学以致用”的角度来落实所学的东西？或者从结果导向上看，他们在学习完之后，在尝试推荐潜在事业伙伴时，有没有、会不会先谈动机，先引导对方改变？还是学习完以后和以前一样只会老王卖瓜一样一直讲自己事业有多好？

所以，学习的目的是复制经验，而其重点在于运用，有没有真的学通，有没有通过行动去运用并得到成绩，才是“有效学习”的关键！

（2）学以致用的方法

直销人学习的显著特点是学以致用。要想有效地学习，让学来的东西真正转化成自己的知识与能力，并且发挥行动力，创造绩效，就必须懂得下面几种学以致用的方法。

①系统学习。管理学大师彼得·德鲁克曾说过，“唯有通过有目的、有系统、有团队的学习，学习才能转化为行动的能力。”这句话是关于“学习”的至理名言。在重视“复制”和“倍增”的直销市场，如何建立有效的复制成功的系统，是事业能否快速发展的关键所在。系统混乱或是缺乏而团队还能有效运作，这无疑是天方夜谭。因此，学习绝对不是东学一点、西学一点，这边学学、那边听听，而是要先有一个学习计划，按部就班地逐步完成。

②速度学习。前面我们提到“直销是一种压缩成功时间的方式”，速度可以说是再重要不过的因素了。如何有效地学习，甚至不受时间和空间因素的影响，也能持续成长和强化战斗力，是每个直销人应当认真思考与突破事业经营的重点。要想加快速度，就应该注重学以致用，培训中听到每个重点就要想“用在哪里”和“如何用”，并立即规划课后的行动，或者学习后在印象最深刻的时候大量演练实操，这样才能发挥现学现用的速度法则的作用。

③建立磁场。学习需要环境和感染力，不间断的学习方案和良好的学习团队文化，有助于帮助自己持续进步，不会被个人因素和其他因素影响而停止前进。所以，学习不要孤军奋战，要融入公司和团队的学习环境中，发挥彼此相互激励的作用，这样才能强化学习效果。

④重复学习。无论是技巧或是观念，都必须一而再、再而三地重复才能发挥其最大效果。因此，重复的学习方式，有助于把学习的效果不断地放大与提升。我常常在培训课前听到伙伴说：“这个课程我听过了！”许多人听过一次就认为自己学过了，请注意，听过不一定等于真正会了，人的记忆是最容易遗忘的，一定要不断重复，直到成为一种习惯、一种本能，这些东西才会成为我们自己的东西，而且能随心所欲地运用。

⑤实践运用。直销学习不同于一般学习，直销学习不在于听的多少，而在于能够用上多少，也就是学了之后能够立即行动并产生绩效。因此，

无须转换就能立即应用到事业发展上的知识与模式，是直销人学习的重点。

（3）直销学习的五个层次

前面提到有的伙伴说自己的学习为什么不能创造业绩，其原因就在于这类伙伴的学习只是停留在“为学习而学习”的表面上，没有真正落实到直销学习的五个层次中。直销学习有以下五个层次。

第一个层次：知道。

刚开始接触直销，会遇到许多过去不知道的专业知识与技能，通过公司或团队的培训，通过学习，我们从“不知道”转变为“知道”。这是学习的第一层次，也是很多人以往的学习模式。

第二个层次：“会说”和“会做”。

直销学习主要的目的是取得绩效、提升能力，所以直销所学的应该是要“会运用”，只是“知道”并不代表会用，所以学习的第二个层次就是我们要思考将所学到的东西用到实践中时究竟“会不会说”和“会不会做”。例如，刚上完产品专业知识课程，回去稍微整理后，我们一定要自己先“说一遍”，因为以后面对客户时是要由我们来解说的，要让客户愿意订购我们的产品。所以，能不能“说”和“做”，也就是能不能“用得出来”，这才是关键所在。

第三个层次：真的去做。

有没有真的去做？直销事业运作过程中，许多人通过学习后真的说得很好，但这样的“会说”和“会做”不代表在实际中真的用行动去落实。学习真正的意义不单单在于学新的知识，更在于检查，检查已经知道而且会说会做的这些知识有没有实际去做？有没有出现已经会了却始终“想得多做得少”的情况，变成“知识的巨人，行动的侏儒”呢？

第四个层次：做到位。

有没有做到位？学习是一种检验，做得对不对和做得到不到位，这是“学习＝成绩”能否成立的关键。有的人在学习中只学表面皮毛，总觉得该做的都做了，却始终没有做到位，永远只做“眼皮活”，每个步骤都没有做透、做到位，结果自然就和预期差很多，最后抱怨自己已经很认真学习了却没有效果。其实，通过前面提到的学习要点——“重复”和“行动”，让所学的东西真正落实并越用越熟练，这才是关键。这第四个层次相当重要，却很容易被忽略，很多有“差不多”思想的伙伴总觉得自己在做，其实他们并没有做透，没有彻底落实，如此一来，业绩成长的速度自然就比不上把学习贯彻到位的伙伴了！

第五个层次：传承下属。

直销尤其注重团队，自己会、自己在做，但下属伙伴并没有跟上来，那么业绩的提升就很有限。因此，每次在重复学习过程中除了思考知识、态度、习惯与技能，除了检视自己是不是知道、是不是会说会做、是不是做了，更要思考下属伙伴知不知道、下属伙伴会不会说和做、下属伙伴有没有做、下属伙伴有没有做对。只有这样，才能发挥学习真正的作用，进而创造出更高的绩效。

总之，要攀登直销事业成功的巅峰，没有捷径可走，只能靠有效地学习来复制成功这一条路。身为直销精英或领导者，要为团队设计各种课程和学习计划，而所设计的课程与学习计划都要以“结果”和“绩效”为目标，无论是哪个阶段的伙伴或领导人，都能落实有效学习的要领，掌握资源，为自己、伙伴、团队和公司创造最大的成长业绩，让更多的人体会到直销的意义，造福更多的人。

小故事

海伦·凯勒是美国著名的女作家，她小时候生了一场大病，导致双目失明，耳朵也失去了听觉。海伦七岁时，父母为她请来了一位教师，带着她一起学习。

为了让眼盲耳盲的海伦有效学习，老师想了一个办法：先拿一个洋娃娃给她玩，然后在她的手心上写上“洋娃娃”三个字儿，这样海伦就知道什么叫洋娃娃了。

海伦很快就喜欢上了这种学习方法，从此以后，她一个一个地记，一个一个地背，日积月累，就学会很多词语。

海伦不怕困难，以惊人的毅力学习和生活，最后终于成为一名举世闻名的作家。

故事启示与直销心法

学习，永远都是最正确的选择。因为只有学习才能进步，才能取得成绩，海伦·凯勒的故事激励着我们。同样，直销事业成绩的取得，也离不开学习。不善于学习，不懂得学习，直销工作就会举步维艰。

3. 善用会议，高效营销

直销事业经营成功与否的一个关键因素就是伙伴来会场的态度。这么多年，我看过太多条件很好也非常用心的伙伴，为什么最后却无法在事业上获得成功？就是因为他们没有真正掌握直销运作的精髓。在直销事业中，成功者与失败者的一个重要差别是如何对待会场：成功者万不得已绝不缺席，失败者万不得已绝不出席。

（1）善用会议，参加聚会的重要性

在经营直销事业的过程中，应善用会议，参加聚会非常重要。为什么这么说呢？有以下几点理由。

第一，直销的一个显著特点是没有“门槛”，因此任何人都可以进入。直销行业进入的人多，每个经营者都来自不同的背景，有着不同的想法、经验和个性，如果只用我们个人的力量去带动他们，而不是用环境去影响他们，那么根本带不动。因此，善用会议和参加聚会就显得必不可少。

第二，直销的本质是一种“无店铺营销”的经营模式，这种模式没有店面投资，使得我们可以用最小的成本获得最大的利润，可以不受资金限制而无限地开店，享受倍增的丰厚效益。然而，也正是因为没有开店的成本和压力，人们往往也就会失去鞭策自己的力量，有时来有时不来的情况

造成了行动上的无法持续，结果使团队的向心力受到影响，团队也因此无法坚持。从这方面也可以看出善用会议和参加聚会的重要性。

因此，想要把直销事业经营得有声有色，真正达到缩短时间的目的，就必须落实会场运作，通过“磁场”的力量达到进人、留人、育人的团队发展目的。

（2）直销市场发展的三个阶段

直销市场发展的三个阶段是进人、留人及育人。

进人，指的是消费者和经营者的进入。直销人员找到消费者就是销售，通过销售产品发展更多的产品使用者，然后做好客户服务，让消费者持续购买产品，创造稳定的业绩和收入。经营者的进入就是直销人员的推荐，即直销人员通过事业计划找寻经营者，通过经营者发展销售部队，扩大销售渠道，把市场做大。

但在上述实务中，当一个新客户其专业知识与销售技巧还不完善时，直销人员“一对一”式的销售很容易被客户拒绝。在这种情况下，通过会议模式，让有专业技能、有经验以及能够有效处理客户问题的专家或领导来协助进行营销，就会有比较高的成交率。对于刚入行的新人来说，借力会议模式可减少经营的挫折感，比如最常见的有助于产品销售的沙龙聚会和小型产品销售聚会、推荐事业的创业说明会和招商会等。这些会议一是可以让你通过借力使经营更有效和快速；二是让销售的客户和推荐的对象对产品和事业有更深入了解的机会。

留人和育人阶段也是同样的道理。当新加入的伙伴并不具备产品销售的专业知识和事业经营的技巧时，“一对一”式的教育既浪费时间，又因为每个上级本身的素质和专业不同容易造成复制的差异。公司和团队提供完善的新人培训会议，可以让有心经营事业的新伙伴学习到经营事业应有的定位、观念、专业知识、技巧与能力。

会场是学习、复制、激励、调整的最好场所。会议对直销事业发展有几个重要意义，包含借力、感染、复制、凝聚及倍增。会议要能够办得好、办得有效果，其中的关键就在于会议的目的和对象要正确。

（3）直销会议的三种类型

通常来说，直销会议可以根据不同的目的分为三种类型：进人会议、留人会议和育人会议。

进人会议的目的是找寻消费者或经营者。进人会议大约包含产品分享会、创业说明会、大型激励会或考察、软性活动及专家讲座。

产品分享会又叫“销售聚会”，这种会议的主要目的是产品销售，举办的地点可以在专卖店、咖啡厅，也可以在酒店，其目的为销售产品，会议内容包括观念引导、产品介绍演示以及使用者的体验与见证分享等。

创业说明会也就是直销人常说的“招商会”，它可以说是会议模式中大家最熟悉也是经常用到的一种。因为直销事业沟通涉及比较多的因素，其中包括深度的沟通技巧。因此，有效运用讲师、成功者分享以及气氛感染，容易激起参与者心中想要成功的激情和想要改变的决心；有效的创业说明会可能比一对一的介绍效果要好上几倍，成交时间也相对缩短。

大型激励会或考察也是进人会议的一个重要类型。中国直销市场逐渐成熟化之际，参加者在加入前的考虑已经变得更为全面和理性。于是，一种新形态的进人会议模式快速兴起，这就是引导想要推荐的对象到公司总部或工厂进行考察，当他们看到公司规模和生产流程后会比较有信心。为了让推荐对象更深刻了解事业和强化信心，各公司和团队常举办大型激励会或表彰会，一是鼓励在直销事业中表现杰出的伙伴，二是让新人多一次机会接触事业以强化信心，从而提高推荐的成功率。

软性活动及专家讲座是进人会议不可或缺的一种类型。这是因为，现实中有些潜在的消费者和经营者不一定喜欢参加制式的会议，觉得会被强迫推销，因此举办一些软性活动让对方参加，让对方打开心门先喜欢我们，能够有效地化解抗拒。事实上，软性活动或是专家讲座可以降低伙伴邀约的难度，并且为前面几种会议做铺垫。

留人会议是以新人参与为目的的会议，旨在提高新人的成功率。留人会议有以下几种类型：新人启动NDO、产品课和产品培训、部门小组会议。

先看新人启动NDO。NDO是英文“New Distributor Orientation”的缩写，中文意思是“新进经销商导引”，指的是一种新进事业者的技能培训会，主要针对的是部门新进事业者，目的在于提高新进事业者开展业务的方法技巧、沟通能力、产品知识、心态激励等。在直销行业里，直销商不仅扮演着经销商的角色，同时也是消费者。一旦团队发展到一定规模，经销商还要面临团队培训、团队管理等问题。对于新进的经销商来说，需要学习和引导的东西还有很多，如此，NDO 自然也就成了直销培训中必不可少的一课。

NDO 是新人进入直销事业的第一个培训，不仅可以强化新人的经营信心，给予正确的定位和经营方向，还能让他们进一步了解直销行业以及公司优势。正确的 NDO 主要是讲框架性的资讯，强化新伙伴的信心、动机、起步和行动，不会针对操作细节进行培训。

产品课和产品培训指的是产品的专业知识。例如，销售营养保健品的营养知识、销售个人护肤品的肌肤保养知识、销售日化品的环保知识以及销售产品的专业知识，等等。如何分享产品、介绍产品、产品特色和优势的分析以及如何解决客户的问题和有效地成交与落单等，都是产品课和产品培训的内容。

部门小组会议指的是各部门领导针对其核心小组所举办的定期会议，主要目的是目标的设定、运作技巧的强化、市场问题的解决以及伙伴之间的激励和征询、商议。部门小组会议办得越扎实，越可以协助部门新人提高成功的概率。

育人会议以培训为主要方式，其目的是培育伙伴的专业知识和能力。育人会议包含：分阶培训、主持人和培训、专卖店培训三种类型。

分阶培训主要是根据不同发展阶段进行的能力培训，具体包括：初阶伙伴应有的观念和基本功；中阶领导人应有的市场扩展能力、团队构建能力、目标和业绩管理能力、会议组织能力等，这个阶段也可细分为微小A训、A训以及强调实战的话术培训；高阶领导人的团队组建与发展，领导与市场发展战略培训。

主持人和培训同样是非常重要的。因为会议的组织和举办对直销事业的发展相当重要。因此，培训伙伴成为成功的会议主持人和会议讲师也很重要。

专卖店培训必不可少。直销专卖店承担着稳固消费网和作为地区团队运营基地和中心的功能。因此，针对专卖店的培训，应该包括如何配合公司市场战略、如何做好专卖店管理、协助稳固客户再次消费和做好客户服务以及支持业务团队等，这些都是相当重要的课题。

（4）成功举办会议的五个要素

要把团队带大并获得真正的成功，就一定要学会运作会议。任何会议要举办成功，取决于以下五个重要因素：流程、环境、讲师、气氛和其他强化的因素。

要素一：流程。

一般小型聚会进行时间是在90~120分钟。时间太短无法针对客户需求进行有效沟通；时间太长一是邀约相对变得困难；二是听众会失去耐心。举办的时间可以根据不同群体做不同的规划，例如，打工族对象可以在晚上或假日举办，针对家庭主妇则可以利用早上与下午的时间。

要把聚会办好，就得先规划完整的流程。

在聚会前，要清楚聚会的目的。例如，小型产品销售会的目标是销售产品，以小型会议方式进行，照顾每个参加者的需求，才能达到有效的沟通目的。

聚会前规划及实施事项包括：①选择邀请的对象，并及早通知与确定是否出席；②如果在邀约确定之后，可以送上一张精美别致的邀请卡，效果更佳；③应当有效控制人数，15 人一场最佳；④注意场地与座位的选择，以舒适、不受干扰为原则；⑤事先安排好会议的人员配置，包括主持人、主讲讲师（产品理论和介绍）、分享者以及招待会务人员；⑥准备今日主推荐产品并完整陈列；⑦准备现场演示所需要使用的道具；⑧准备完整的辅销工具，如彩页、产品订单，以便会后用于引导成交；⑨让对方感受到温馨和备有可口的饮料、茶点或水果；⑩妥善安排，如有干扰因素，如电话、小孩等，事先想好排除方法；⑪准备小礼物给主办该会场的会议主人或者是现场参与的客人。

聚会中规划及实施事项包括：①制造轻松、愉悦的气氛；②热烈欢迎每一位客人，让他们有好的感受；③简单介绍参与的客人，让他们感到轻松自在；④有效地推荐主讲人，并把他介绍给每一个客人；⑤鼓励与会者积极参与；⑥协助主讲人顺利地解说与演示，演示时尽量让客人参与；⑦安排适当的休息时间；⑧准时开始与结束；⑨让大家有机会做双向沟通并提出问题；⑩有效地处理干扰因素；⑪不要都是讲师单方面的讲解，要穿插见证或现场演示与体验，小型会议的重点就是气氛活泼，让客人有参与感；⑫要引导成交，根据不同状况的客人进行配套销售，例如，销售保健品，可以分为一般身体保健和慢性疾病的调理改善，销售个人护肤品可以针对老化、有斑或皱纹等问题肌肤搭配套组，然后可以给予现场购买的客人赠品或奖励，鼓励成交和带动现场气氛。

聚会后规划及实施事项包括：①立即总结得失，让下次可以做得更好；②无论是否成交，隔天立即打电话感谢每名参与的客人；③做好跟进工作，让对方有更多机会体验产品和品读资料；④进行下一次的活动邀约；⑤对于满意度高、获得认同的朋友，可以引导转介绍，即请他们下次也带新朋友来参加，挖人脉，助经营；⑥举办多次小型销售聚会后，将有效地进行模式和流程整理出来，成为可以复制给伙伴大量举办的标准模式。

要素二：环境。

环境要让参加会议的人感到舒适、轻松。环境或场地的选择往往也很重要。环境的选择与布置应遵循以下原则：①可以在专卖店或咖啡厅小包厢等，不过交通要方便，最好是大家熟悉的地点；②每次举办小型会议的地点最好相同，避免不断更换场地；③会场照明灯光良好，通风及空调设备应齐全；④如果要播放 DVD 光盘或计算机投影仪，一定要先将设备准备妥当，避免手忙脚乱；⑤卫生间和茶水最好要让客人会前知道；

⑥会场一定要有公司标志、旗子或代表物；⑦会场一定要陈列公司产品，加深参与者印象；⑧会议进行期间不要抽烟、接听电话或者太过嘈杂，会影响其他参与者；⑨会场选择应该尽量远离噪声与干扰。

要素三：讲师。

任何会议的进行，其流程是否顺利，听众反应如何，主讲人扮演了相当重要的角色，所以不管是公司或团队一定要加强讲师的培养。

一个好的讲师应该要注意下面几点：①讲师的穿着、仪态一定要特别规范，以给每名参加者留下良好印象为原则；②讲师的表达能力要好，亲切且具有专业性；③讲师应该采取相当开放的态度，让听众觉得轻松，没有压力，并愿意敞开心扉听进去；④讲师要有高度的幽默感，让会场充满欢笑；⑤讲师对所讲的内容要有高度的自信心，并要有充分的准备；⑥讲师要尽量和现场听众互动，不要只是单方面地讲授，那样气氛和效果就会大打折扣；⑦讲师一定要熟悉整个讲授流程和时间分配，在段落运用方面，第一段先进行开场白，第二段谈观念，第三段谈产品的主要理念，第四段实际见证分享，最后根据现场听众给予产品搭配建议，一定要清楚自己讲授的整个流程和内容，并且有效分配时间；⑧主持人介绍讲师时，一定要很好地推荐，建立听众对讲师的期待与尊崇；⑨讲师不要只顾着讲，一定要留意听众的反应，并多用双向沟通的方式；⑩讲师要善用情绪感染力，让每名听众对现场气氛有深刻的感受；⑪最好的讲师是兼职理性与感性且善于交叉运用。

要素四：气氛。

气氛对会议的成功与否具有非常重要的作用，为此应注意以下几点：①营造的气氛应该让每位参与者觉得轻松、热忱；②主动介绍新朋友给成功者；③伙伴应该积极主动认识新朋友，并和老朋友打招呼，让会场呈现一派生机与活力；④产品销售会要相对温馨、轻松无压力，以便产生良好的效果。

要素五：其他强化的因素。

其他强化的因素包括以下几个方面：①会议一定要准时开始，如果因为特殊原因无法准时开始，也不要超过 15 分钟，而且一定要请主持人对先到的听众致歉；②在会议中，安排几位老伙伴或产品用得好的客户共同参与，因为新朋友通常会比较害羞、被动，这些事先安排好的人可以积极主动配合，让气氛感染其他伙伴；③已经是会员的伙伴应积极参与，并且现场学习讲授产品与组织会议的技巧，才能达到最佳效果；④多用鼓励性的语气，让听众深刻记住健康、保养、环保等理念；⑤准备完整的辅销工具和资料，让大家在会后能有充足的资料可供参考。

（5）掌握会议运作精髓

以上就是小型聚会的运作要诀，我们都知道未来直销事业的发展，会从自己的地域不断发展出更多的外地、外省市场甚至国际市场，当战线越拉越长时，很多想顾及的伙伴也没办法照顾到，很多遇到问题的伙伴也没有办法第一时间去协助，那该怎么办？自然是要以“会场”为运作轴心，把当地会场这个“火炉”烧起来，才能形成另一个做得很旺、很牛的团队，因此必须掌握会议运作精髓。

各种会议都需明确对象、目的，才能达成预期目标。大会场的优点在于气场强、气氛热烈，容易让与会者产生信心，感染力大。小会场则气氛温馨，时间好选择，可以进行较多场次。二者各有优点，要平衡运用。

直销伙伴要养成每会必到的习惯，积极参与会场运作，因为只要用心，每次都会有不同的感受与体会。积极认真地学习，慢慢争取发言的机会，并参与担当分享者、主持人，最后担任主讲讲师，就会发现自己的说服功力大增，跟随而来的是个人魅力与自信心的提升，这会给你的直销事业以莫大的帮助。

“成功是一种气势”，会场运作非常热闹，尤其是在人气旺的时候，这股气势会吸引更多的伙伴参与其中；人潮汹涌营造出来的气氛，还能有效地提高销售与推荐的成交率，让会场成为真正借力使力的最佳工具。

小故事

有个饭店老板非常苛刻，对于一位工作多年的厨师相当不满意，因为这个厨师每次在做烤鸭的时候，端出来时都只有一条鸭腿，于是他非常生气地责怪厨师，认为是厨师把另外一条鸭腿给偷吃掉了。

厨师说：“鸭子本来就只有一条腿啊！”

老板听了非常生气，大声地说：“胡说八道，鸭子明明就有两条腿，怎么可能会只有一条腿呢？！”

厨师听完，笑了笑说：“真的只有一条腿，不信的话，我带你去看。”

于是，厨师拉着老板到院子里看鸭子。只见在浅水池中休息的鸭子真的只撑着一条腿，老板一看，立刻双手一拍，拍掌的声音吓醒鸭子，鸭子们便两条脚一起晃呀晃地跑走了。

老板便很得意地说：“你看！鸭子明明就有两条腿嘛！”

这时，厨师认同地点点头，然后说：“你看，连鸭子都需要鼓励，何况是帮你做菜做了这么多年的我呢！”

故事启示与直销心法

任何人都需要鼓励，受到鼓励才有持续向上的动力。尤其是直销这种压缩成功时间的事业，正因为成功的速度要比别的行业快，从业者成长的速度也比别人快，在过程中遇到的挫折与压力也较一般人多，因此，作为激励策略中的一种重要的方式，精神鼓励就显得更加重要了。

要能激励周遭人的前提是激励自我，让自己的动力持续不断，让自己始终保持最高昂的斗志。要在直销事业中成功，最需要培养的是能力和习惯，而自我激励是有效方式之一。如果说经营了一段时间还总要上属或是旁人来激励才有动力，那就说明对直销的认识还不够深刻，所以最好是能随时扮演自己和伙伴的“啦啦队”。某次聚会时，有一个直销精英的分享让我印象深刻。他说："直销成功的关键，就在于时时保持高昂的士气与旺盛的企图心，然后以实际行动创造佳绩，而保持这些企图心与行动力最好的方法就是参加聚会，每次聚会时我都会感受到那些积极向上的伙伴强烈的企图心以及新加入朋友的那股子劲头，每每使我热血沸腾。"

是的，在直销事业里，组织会场就好像是"火炉"一样，我们每个人都是在火炉中燃烧的炭。当我们完全燃烧，就不断地向外冲刺。在冲刺的过程中，我们总会遇到一些障碍或是被别人泼冷水，这个时候，如不能有效地处理，很快地，我们的温度就会下降，最后熄灭。但是，如果我们每次在温度下降时立刻回到火炉中，去感受其他完全燃烧的炭火，很快地，我们又会完全燃烧，让自己的热度达到最高点。这也就是说，善于借力使力的人，总是懂得运用外在环境营造的气氛，让自己维持在高峰状态，而不会因为一时的偷懒或是情绪的低落，延长成功致富的时间，降低快速致富的机会。

第六章

成就荣耀，为永续的人生而走

每个经营直销事业的人都希望能够像成功的领袖一样，建构庞大的渠道与销售团队，拥有高收入和高质量的生活。然而，这样的成果必须构建在我们的经营时间够久，市场经营够深、够透，团队的骨干够多、够强这些基础之上。针对组织发展进人、留人、育人的三个阶段，重要的是在有效地进人之后，让新人产生行动力，并做出成绩。永续人生的价值，就是让新人成就荣耀！

1. 新人“做了不动”的原因

在直销培训实践中我常常听到这样的话——“成功的唯一条件，就是要活到成功的那一天。”“总监，为什么我的新人进来后都还没开始就‘阵亡’了？”“总监，我快累死了，我的新人加入后怎么都不做市场，不学习？”

新人因渴望成功而加入，为什么又会有“做了不动”的问题呢？我归纳出几点原因。

（1）动机不够强，安于舒适区

新人虽然都想成功，但动机不够强或决心和坚持力不足，一旦“真枪实弹”运作起来，就会心生恐惧或想得多做得少。在直销的环境中，存在所有人的个性缩影，为什么成功者很少而失败者众多？因为多数人都想成功却不愿意付出，动机不强，安于现状，最终只能做个失败者。

（2）专业不足，成功的信心不足

新人刚进来还没有吸收足够的专业知识，诸如产品知识、直销事业专业知识等，所以很害怕对别人进行产品或事业讲解。一是不知道要从哪里开始；二是对方提出问题自己也不会回答，因此越来越害怕。在专业不足、成功的信心不足的情况下，行动力自然就产生不了。更何况，很多新人自己完全没有体验产品，不知道产品可以给人们带来什么帮助，或者觉得产品与市面上的其他产品相比并没有什么差异，缺乏信心的结果，便是没有足够的动力跨出去。再加上没有完全了解直销事业的精髓，便会过于在乎别人的看法与眼光，别说找别人来做，有时连自己是否继续经营这份事业都很难说。

（3）只想不劳而获，快速致富

许多人一开始之所以加入直销，是看到了有人从事直销获得了成功，自己非常羡慕，也想拥有这样的生活条件。但是，他没有想清楚自己必须付出什么，就以为加入直销在家里就可以成功，等着上属帮忙做、等着下属自己做、等着成功自己掉下来。这实在是很荒谬的，太多人就是因为这样才无法获得直销事业的成功。成功者和失败者最大的差别就在于成功者要结果，同时愿意为结果付出努力，而失败者不愿意接受成功的过程与代价。

（4）不愿意借力，害怕被拒绝

许多未经营过直销事业的伙伴，初期踏入直销事业时满怀憧憬，可一旦进入直销领域后就必须面对实际产生的压力，在未完全掌握“借力使力”的成功关键前，“恐惧”尤其是“害怕被拒绝”成了最大的绊脚石，由此而产生的极大阻力，使得自己始终跨不出去。

（5）没有启动步骤，不知从何开始

在直销事业中有很多上属，要么就是行动力很强，要么就是不太会为下属做规划，也有自己经营就是没规划的，下属进来更不知道要如何按部就班地协助下属顺利发展。所以，即使下属在热忱度最高时也不知道如何跨出去，不知道第一步做什么，接下来还需要做什么，一段时间后，热忱度下降，自然还没开始就“阵亡”了。

其实这也是为什么直销组织中要有ND O新人启动的原因，让新人一进来就有个“成功蓝图”、有个正确的“概念”与“发展方向”，如此一来，无论新人的上属有没有清楚地帮助新人做规划，至少新人在方向上不会有太大的偏差。

（6）遇到挫折，开始就放弃

有时候，因为我们没有给新人“打预防针”，新人一开始遇到挫折而不知如何应对，这极其容易让新人选择放弃。新人常见的情况有很多，诸如，被亲朋好友泼冷水或是还没学习就到处乱说乱做，一进来不懂得借力，也不会用正确的方法，谈了一两个客户不顺利，就感觉到前途一片茫然，越想越没有信心，很快就会产生“做了不动”的情况，也会因这样的挫折而“阵亡”。

（7）约人不来，来了不做

下属一开始也有行动力，但因使用的方法不对，所以邀约时常常人约

不出来，或者即使是人约出来了，最后的结果却是对方“来了不买，来了不做”，因此失去信心。如何协助有心的下属在一开始就做出具体的成绩？有效的方式就是通过一些成功的案例给予他们更强的信心，这是让下属能够坚持下去的相当重要的因素。

(8) 没有融入会场

我一直说直销是压缩成功的过程，一定要有很大的决心才能在最短的时间内赚到别人用好几倍甚至几十倍时间才能赚到的钱。而未来到会场的新人，因为没有融入会场，热忱度不足，才会有“做了不动”的状况出现。

众所周知，一旦新人出现了“做了不动”的状况，就要制定出对策加以解决。当然，最好在一开始就对这些问题的发生做好预防措施。否则，自己花费心力推荐进来的新人，因为带领的方法不对而造成流失，就非常可惜了。

小故事

一位进士进京赶考，到了京城后，到一家客店投宿。考试前两天的晚上，他连续做了三个梦：第一个梦是自己在墙上种白菜；第二个梦是下雨天，他戴着斗笠，还打伞；第三个梦是跟心爱的姑娘光溜溜地躺在一起，但是背靠背。第二天，进士立刻去找算命先生解梦。

算命先生听了，连拍大腿说：“你还是回家吧，别考了！想想看，高墙上种菜，就是白费劲；戴斗笠，打雨伞，就是多此一举；跟姑娘脱光躺在一张床上却背靠背，就是没戏……”

进士听了，心灰意冷，回店收拾包袱，跟店老板告辞，说不考了。店老板感到很纳闷，进士便说了原因。店老板听了，呵呵一笑：“我倒觉得，你这次一定要留下来。我也会解梦，你听听看。墙上种菜，就是高种（中）；戴斗笠打伞，说明这次有备无患；跟你心爱姑娘脱光了背靠背躺在床上，说明你翻身的时候到了。”

进士一听，觉得更有道理，于是精神振奋地参加考试。发榜之日，进士发现自己居然中了探花（“探花”是古代科举考试中对位列第三名的进士的称谓，与第一名“状元”、第二名“榜眼”合称“三鼎甲”）。

故事启示与直销心法

消极的人，总会恶意地猜测事物，总会为自己的失败找借口，自然就会错过很多机会；积极的人，只会善意地理解生活，主动为成功找方法，直至实现梦想。故事中，进士对待同一件事情，报以不同的态度，结果自然也会大相径庭，如此就进一步说明了消极与积极两种态度对人生的重要影响。

在直销的经营过程中，肯定会遇到众多不可预见的困难和磨难，要让下属用积极的心态去应对，为事业的进一步发展赢得更多的机会。

2. 直销，没有失败者

很多人之所以选择做直销，就是觉得直销有着巨大的包容力，能够发挥出巨大的作用，做直销就是人生事业的最好选择。直销，没有失败者，只有企图心和决心不够而中途离开的人。在这一节中，我将结合具体案例来阐述一下如何做一个直销事业成功者。

（1）成功都不是不劳而获的

我从2013年接管前公司，当时公司处在最动荡，也是直销商流失最严重的时候，在这个最低点接任，很多领导人告诉我，我接的就是一个“烂摊子”。我虽然知道这不是最好的时机，但我有强烈的企图心。回想这4年多时间，种种困难、种种阻碍，我都以“兵来将挡，水来土掩”的状态，以最快的速度解决问题。在很多人看来，似乎是我运气好，看似我操盘很容易，业绩年年创新高，殊不知，4年多来我是有步骤、有规划，按部就班地运作的，因此所有的问题才能够在我的预判中得以快速解决。

“台上10分钟，台下10年功”，成功都不是不劳而获的。成功的秘诀就是，将成功简单化，把直销的基本动作落到实处，带着大家按部就班地付出，并坚持到底。失败的专业经理人只会将成功复杂化，无方向、无战略、无章法，也就无法抓住成功的尾巴。

伟大的成就往往都是由看似简单的事物开始的，所以成功人士执着于基本动作的落实，看不懂的人则在想：“成功哪有这么简单，这么简单就能成功，不是每个人都成功了吗？”其实成功真的没有那么复杂，关键不在于做的事情有多难，而在于下的功夫有多深，只不过有太多人把它复杂化，所以裹足不前。

哥伦布发现“新大陆”是举世轰动、流传千古的重大事件。在当时，尽管大多数人都对于这个重大发现给予了极高的评价和荣誉，却还是有些人对此不以为然，觉得他只是运气好，没什么了不起。其实，哥伦布之所以能够发现“新大陆”，从根本上来说源于他敢于尝试、敢于冒险的开拓精神。

有一次，哥伦布在朋友家中做客，闲谈之中，众人又谈到哥伦布航海的事情，并且出现了一些带讽刺的话语。但哥伦布听完之后，并不与之争辩，只是默不作声地到厨房拿了一个鸡蛋回到大家面前。他看着大家问道：“谁能把这个鸡蛋竖起来？”

众人一哄而上进行尝试，却没有一个人能够成功。

这个时候只见哥伦布站起来说：“我来试试。”在众人惊讶的眼光中，只见哥伦布把鸡蛋的一头敲碎，然后把鸡蛋竖了起来。

对于这种结果，众人都非常不服气，嚷嚷着：“不算！把鸡蛋敲碎，自然就能竖起来了！”哥伦布悠闲自得地说：“现在，你们看到我把鸡蛋一头敲碎了，然后竖起来，才说没什么了不起，之前你们这么多人，有没有哪一位想到这样做？”

听哥伦布这么说，讥讽他发现“新大陆”的人，顿时面红耳赤，非常尴尬。

成功者与失败者不同的是，成功者他们能够将基本动作落到实处，而失败者则好高骛远，既想着新事物，又不愿意立即付诸行动。尤其是那些经常失败的人，他们总是浪费时间在寻找一个“完美”的机会，对于眼前的机会却不知道珍惜，等到别人成功了却又冷言冷语，甚至为自己没有掌握这个机会而找出各式各样的借口和理由。

（2）做最好的准备，做最坏的打算

就像前面提过的，直销没有失败者，只有企图心和决心不够而“中途下车”的人。许多经营直销事业而中途放弃的伙伴，都会说并不是自己要放弃，而是被直销伤透了心。

我曾在一个招商会上遇见一位做了三年直销事业却“中途下车”的新朋友，他和我说：“总监，我刚听你讲的行业分析与优势，我觉得真正打动了我的心，但我真的被直销伤透了心！”我问他为什么说被直销伤透了心，他愤愤地说：“还不是因为下属！有时候我们找了几个伙伴加入，大伙一开始也下定决心要共同打拼，我也用尽心力帮助与辅导他们。没想到，他们开始没多久就打退堂鼓，很快就‘阵亡’了，有两个部门运作得不错，尽管中间有些挫折，倒也撑过来了，而且组织人数和业绩也都很稳定地成长，可是没想到，越做越好的时候，竟然被一家新成立的公司挖走了，想想真令人伤心，三年来花费这么多心血，结果呢？还得一切从零开始，干脆放弃算了！”

我深知这种情况困扰了很多人，我也曾经因为认真带的伙伴在经营一段时间后始终做不出成绩而苦恼。那段时间，我不敢继续扩充部门，甚至谈客户时也表现不出原来的气势和自信了，因为面对这样的一个事实结果，我很清楚，尽管这份事业很好，但我无法帮助每个人都在这份事业中获得成功。

虽然在这个事业上不是每个人都能成功，但我怎么忍心看着下属带着满满的希望而来，却带着失败与挫折感离开呢？于是，我沉淀了一段时间，来让自己厘清这个思绪，最后我明白了一件事：世界上没有任何一件工作或事业能保证百分之百成功，直销行业如此，其他行业亦是如此。

小时候，父母或师长曾经无数次地告诉我们要好好读书，将来才能找到好工作，收获美好的人生。然而事实果真如此吗？我们只要好好读书就一定有满意的工作和精彩的人生吗？未必，但是，读书本身有错吗？没有。关键在于有助于成功的其他条件是否具备并都能够配合。就直销而言，这本来就是一份相当自由的工作，加上压缩成功时间将会遇到的挫折与障碍，人员的流动率本来就相当高。因此，尽管我们尽心尽力地培养每个下属，但是要让他们都能够坚持到成功时刻的来临，可以说困难重重。

同样地，在传统行业，如果我们是公司老板，提供优渥的薪水与良好的学习环境，培养我们认为极具潜力的员工，就能保证他学成后一辈子留在公司吗？当然不可能。甚至许多人在学成之后马上跳槽，自己开一家同类型公司与原来的公司竞争、抢生意。此时的你，怎么办？因为伤心而将公司关了，还是继续经营呢？我想，答案大家都知道！

在经营直销事业过程中，如果我们推荐进来的部门都如我们期望般的发展，都不中途生变，恐怕没多久，我们就会拥有世界上最大的组织。然而，现实的世界中，下属中途“阵亡”或脱离的情况是客观存在的，这本来就是正常的，而我们要做的就是如何借助有效的组织运作与领导来降低下属“阵亡”的概率，以延缓“阵亡”的时间。

我在辅导市场时，经常看到有些上属把下属捧在手心里像宝贝一样地呵护，生怕哪里没照顾好他们就“阵亡”。每当下属中途放弃甚至转而投向别的直销事业与组织时，这些上属都会感到心痛，甚至有种被背叛的感觉，这也是为什么很多直销伙伴在经营直销事业时会感觉受伤害的原因。

其实，我们必须先认清一个事实：这是一个人员流动率高的社会，连传统行业都面临这个问题，讲究自由的直销行业，伙伴来来去去原本就是正常的。所以，我们推荐一个新加入的下属，固然要全心全力地提供他所需要的协助，帮助他成为能独立运作的新领导者。然而，就算他因为各种理由与变故脱离组织或中途“阵亡”，也要用平常心来看待，不要有太重的得失心理。

多数时候，下属的脱离或“阵亡”都只是一个自然结果，问题既不在于你，也不在于他，不要过于自责，也不要埋怨对方，更不要感到伤心或失去信心。作为上属，为了避免因为下属“阵亡”或脱离组织而造成的伤害，须关注以下几个方面。

一是建立一套简单易上手的操作模式。让下属在加入之后就能在很短的时间学会，然后在自己的辅导下开始运作，以便能在最短的时间内建立信心并产生实质性的收入，有效地渡过一开始的危险期，自然就能降低“阵亡”的概率。

二是随时保持一定数量的未成型经营部门。未成型经营部门是相对于已经成型的部门而言的。所谓已经成型的部门，就是我们常说的“一条线”。一般来说，当某个直销商累计达到20万元业绩时，可称为“副理”。从公司级别的情况来看，经理是1组副理线，协理是3组副理线，督导是5组副理线，总监是7组副理线，副总是10组副理线。这就是由“副理”成型的“一条线”。而不管你现在是哪一级，有多少已经成型的部门，手上一定要保持一定数量的（一般是4~6个）未成型经营部门，这样做一是让组织能有效地扩展，二是有下属自然“阵亡”或脱离时，组织还能够正常运作与不断壮大。

三是定期聚会。组织运作除了与第一代直属下属拥有感情，与第二代、第三代甚至更远更深的下属都要建立感情。可能伙伴会问，为什么要这么做呢？每一代不是都有自己的直接上属？这样做会不会影响自己下属的领导呢？事实上，很多伙伴的组织出现无法挽回的状况是因为自己的直属下属大量“阵亡”或脱离，导致整个组织瓦解。其实，如果平时就能借助各种训练与聚会，建立和组织所有成员的感情，当直属下属出现问题时，我们就能针对其他组织成员进行整合凝聚，而不是一切归零。因此，要将组织做深，但不过度干预下属对其下属的领导，借助各种机会建立深厚感情，是组织运作相当重要的一环。

需要注意的是，当下属出现“阵亡”或脱离状况时，要用平常心看待，不要将它看得太严重，还要趁机检查一下，看看自己什么地方做得不好，逐渐强化既定方向，留下精华，最终取得真正的胜利。

有一位大师级教授受邀去大学演讲，在演讲前，他拿了张很大的纸贴在墙壁上，然后在白纸上画了一个小黑点。之后，他找了一个学生，问他看到了什么？接着又继续问了现场许多学生，而每个人的答案都是相同的，都说那是一个黑点。大师笑了笑说：“你们说得没错，这里是有一个黑点，但是为什么你们都没有注意到这张大白纸呢？”

是的，人们往往只注意到问题表象，而没有看到问题背后所代表的意义，当遇到问题时，不要一直钻牛角尖，只看到问题，而看不到美好的未来。经营直销事业的过程中，或许会有些障碍出现，但别忘了看到自己成长甚至成功的景象，一切付出在最后都是值得的。

（3）远离成功症候群

这几年经过大家的共同努力，我的团队业绩快速增长，许多领导人的聘阶也紧跟直上。有些新领导人获得聘阶和收入后，小尾巴翘起来，陷入了普通人最容易掉入的陷阱，迈入了直销人必经的“成长期”。这些人误以为自己已经获得了成功，逐渐出现了“成功症候群”，野心勃勃地进行组织拓展甚至单干。

什么是“成功症候群”？就是我们常常提到的“大头症”“晕船期”。因为当一个人的成功来得太容易时，他会开始变得自信，而且是过度自信或者说是自负。这个时候他听不进去别人的话，因为相信自己发展这么快、有这么好的成绩，都是靠自己得来的。当人迷失时，一是听不进别人的话，看不见潜在危机；二是自以为是，认为成功会这样永远跟着自己，而忘记要持续成长和进步。

“成功症候群”是可怕的，那么如何判别呢？弄清楚它的特征，有助于帮助我们远离它。经过总结归纳，我发现“成功症候群”有如下特征。

一是停止学习。觉得自己什么都会了，大部分的课程听起来都差不多，于是陷入“停止学习”的状态，这是组织开始萎缩的体现。陷入这个状态，则无法通过学习来找出自己的缺点和有待突破的地方，甚至志得意满，最后面临组织衰退，但自己无法放下身段或者因为面子不敢承认和面对自己的问题。

二是开始出现负面思考和传递负面信息。一旦曾经有过极佳的表现，而且接受过别人的“鲜花与掌声”，当自己和组织的发展再遇到问题时，他们就不敢去承认自己的错误。因为面子问题，他们开始为自己的状况找台阶、找借口，于是怪公司、怪产品、怪组织、怪上属、怪下属等，总之一切看起来都该怪。最后在这种负面的“自我催眠”作用下，完全相信了自己找的所有借口。

三是迷恋掌声、荣耀和舞台。当一个人习惯掌声和成为焦点后，有时会陷入迷恋掌声的情境中。只想表现，却忘了组织是动态的，必须不断拓展，否则就会衰退；也忘了下属会成长，也需要适度的掌声和舞台，当下属成长自己却没有创造新的发展空间时，很快就会出现“强碰”的状况，这对组织的稳定与和谐都会产生巨大的威胁。

四是自以为是。当一个人极端自信之际，便会出现任何人的意见只要和自己的不同就听不进去的状况，久而久之就无法忍受自己的上属领导，也不能遵守组织运作规范，所以这种患有“成功症候群”的人很容易出现脱离组织、独立运作的状况。刚开始他们觉得可以海阔天空地照自己的意思去做，慢慢却发现在缺少资源和支持、远离组织情况下，会面临衰退的局面，个人基于面子问题又不能承认，组织中的问题便因此变得愈加恶化，完全忘了“独立但不能脱离”这一直销中重要的成功法则。

五是以自我为中心造成组织摩擦。当一个人的内在权力欲望被无限扩大之后，就会开始出现“老大”心态，凡事都以自己的意见为主，凡事都不能忍受稍微让步或妥协，因此与上属出现不和的问题，对下属也出现“一个口令，一个动作”的错误指导，当其他的潜在问题和危机出现时也不以为然。因为在“老大”的心态下，觉得没有什么问题是解决不了的，总觉得没有人比自己更懂，过去成功的理由往往成为这种人今日失败的主因。

为了避免伙伴陷入“成功症候群”，在他们还未真正取得巨大成功前就应该适时提醒他们，通过格局的提升，让自己不因满足现状而停止进步，同时要时时存有危机感，不断自我成长，拓展组织，让组织发展基础更加稳固与坚实。

这里不妨来看一则故事：

美国著名作家约翰·肯尼迪·图尔是1981年普立兹非小说奖得主，他的得奖作品——长篇小说《笨蛋联盟》完成于1969年。为什么这么久他的作品才得奖呢？因为他在1969年完成了他唯一的长篇小说《笨蛋联盟》后四处投稿，却总是一再被退回。在经历了一连串拒绝后，他灰心绝望。在他32岁那年，饮弹自尽，放弃了他的希望。然而，他的母亲在他死后，却依然相信他的儿子是个天才，不断拿着儿子的作品《笨蛋联盟》四处和出版社联络，希望找到伯乐，虽然一样面临不断被拒绝和退稿的命运，但母亲始终不放弃她的信念。在连续被八九家出版社拒绝后，最后被著名的小说家赏识，将这本书引荐到路易斯安那出版社，该本小说终于在1980年完成出版。不料小说一经出版就造成轰动，并在第二年获得普立兹非小说奖，这对图尔而言，无疑是最高的荣誉与肯定。

这个故事告诉我们，世界上没有不会成功的人，只有主动放弃成功、无法坚持到成功来临的人。现实中，很多人在与成功一步之遥时就放弃了希望不再进取，觉得经历了太多辛苦，以为山穷水尽，以为自己跟成功无缘，在成功前夕以一个失败者的姿态没落，放弃了成功的希望。

事实上，在经营直销的过程中每个人都会遇到问题，只是每个人遇到问题的时间不同罢了。有时候，一开始就遇到比较多的挫折，看到同时进入甚至比自己晚加入的伙伴竟发展得比自己好，刚开始会有挫折感，后来以为自己不适合，做下去也不会成功，最后“阵亡”。其实从另一个角度来看，早点遇到障碍，能够早些将经验累积完整，将来发生任何问题时，便有能力使问题迎刃而解，不至于等到组织发展到一定程度时，因为之前太顺利而没有累积解决问题的能力，让组织崩盘。所以，早点遇到障碍或许也是好事。

（4）莫忘初衷，永葆初心

领导人在教育新进伙伴时，常常会说：“不要把直销过度复杂化，其实直销不难，只要简单的事情重复做。”这段话听起来很熟悉。只不过多数的直销商在刚经营直销的时候，因为自己懂得不够多，所以认真学习。不管是产品方面、公司方面、制度方面甚至经营技巧方面，都去认真学习，最后在直销领域出人头地，可见不断学习是关键。

通过认真学习，他们变得更专业，技能也更熟练，自然就能在直销事业中取得成功。然而，这些高手在登上高峰之后，开始觉得自己是最棒的，自己对于直销的了解是最透彻的，他们往往被成功冲昏了头脑，于是开始丧失了当初促使他们成功的特质与因素。在不知不觉中，开始不去做那些“简单的动作”，不再去研究与体验产品，不去学习更专业的知识，不再去列名单、邀约、进会场，教育培训时不是在后面走来走去，就是在座位上打瞌睡，不再做录音、做笔记，不再去用心记录那些可以帮助自己成长的资讯。为什么？只因为认为自己是高手，什么都懂！这是“晕船期”的明显表现。

一旦迷失在短暂的成功假象中，慢慢地，最初的动力、冲劲儿也会跟着失去，好像那种感觉再也找不回来，就会从成功的云端跌落。因此，一定要留意直销的“晕船期”，不能迷失在短暂的成功假象中。

对于任何行业，尤其是直销业来说，其竞争是非常激烈的。不前进就是后退，不倍增就是倍减，没有持续的成长就是减弱竞争力，更何况，一旦停下脚步，很多技巧会随之衰退。因此，在直销事业中，不管你经营多久、成就多高，都应该保持最实际的态度，莫忘初衷，永葆初心，借此维持竞争力与优势，随时提醒自己当初加入直销事业的动机以及不忘当时迫切想要成功与完成梦想的决心，不要让那种感觉消失。

每天花一点时间，拿出你的事业手册或是过去上课时所写的笔记、录音等，把过去经营直销的点点滴滴回想一下，你就会有新的感动、新的发现，会发现当时许多不明了的地方，突然都融会贯通了。

小张做事一直不顺利，对未来感到一片茫然。在不知所措的情况下，只好去找算命师算算自己的未来。算命师问了小张的基本资料后，就开始分析小张的命盘，然后说：“你 30~40 岁这段时间，会诸事不顺，不管是工作还是爱情。”小张听完后很紧张，就赶紧问：“那 40 岁以后呢？”算命师叹了口气，说：“40~50 岁的时候是你人生最坏的时候，诸事不顺，还穷苦潦倒。”小张听不下去了，立即打断算命师的话问道：“大师，你说 40~50 岁这段时间最坏，应当已经到了谷底了，那我 50 岁以后会怎样呢？”算命师低头看了一下小张的命盘，然后缓缓地说：“然后你就习惯了。”小张听后，一脸愕然……

每个人对于人生都有梦想和目标。然而，在追求理想实现的过程中，不是每个人都愿意付出对等努力的，甚至没有足够的勇气寻求突破，最后往往只是空有梦想而无法实现，因为“习惯”了，也就这样度过了一生！

勇于突破和改变是成功的踏脚石，生命不进则退，待在原地不思进取、不求突破，就只会让自己内在渴望成功的决心一点一滴地被消耗殆尽。

在过去执掌公司的四年时间里，每个月我的业绩都会创新高，但我知道自己不能松懈，因为需要面临更大的考验与挑战。成功者都知道，攀登高峰时，只有加倍努力，力求进步，才能把声势维持下去；优秀的直销领袖也知道，努力开始有所回报时，更要保持初心，以谦卑的态度、勤学的精神以及积极的行动，反复执行简单的动作，为自己与组织的发展打下良好的基础。

莫忘初衷，永葆初心！找个时间静下心来，重新感受当时的激情，把当初的动力与热情找回来！

（5）避免过度承诺

直销运作中，总会出现下属过度依赖的情况，凡事都让上属帮着做，结果只能将上属累得苦不堪言。之所以出现这种问题，主要是下属的认知不够，但根据我多年的观察与辅导经验，很多困扰都是上属自己造成的。因为我发现，为了成功推荐某个对象，让对方觉得做直销很容易，有些经营者会刻意将现实与真相隐瞒起来，对于对方提出的问题，保证绝对没问题，一切都可由自己来负责。

其实，这种方法就是过度承诺，最常见的过度承诺有以下两种。

一种常见的情况是，对方说："这个事业虽然听起来很好，但我有家庭和工作上的原因，所以没时间来做。"面对这种情况，有些伙伴怕无法成交，于是拍胸脯说："没关系，我帮你，只要你加入，把名单列出来，到时候如果你没时间，我可以帮你带人。"

这样的回答，用意是想让对方先决定加入，只要加入了，后面的再说。可是，这样的状况就会产生这样的问题：因为收到这样的信息，下属就会产生错误的认知，认为只要加入，其他的事就能名正言顺地推给上属去做。于是，下属只负责联络，而将销售和推荐甚至辅导的工作都推给上属。由此，上属怨得了别人吗？

另一种常见的情况是，在一接触时，对方告诉你说："我没有经验，恐怕做不好直销。"面对这种情况，有些伙伴怕对方不加入，于是大声地承诺："别怕！一切有我，你只要加入，我会帮你去客户那边，你只要负责约，我负责帮你谈。"

这话一说，下属心里就建立起一个概念：凡事上属会来帮我，这太好啦！这种依赖心理一旦产生，什么事情都你来处理，每个客户都由你谈，下属就根本没办法独立。你说这话就是自己挖了一个陷阱自己往下跳，推荐新伙伴进来，没有生产力，还带来巨大的包袱。

上述两种情况都说明：过度的承诺，就是在为以后组织发展制造出一堆难题！

直销可以帮助人们快速致富，却不能帮助人们不劳而获。在组织发展过程中，不要为了短暂的利益，给自己制造极大的困扰。所以，当客户提出问题时，要明白地告诉他：“做直销最重要的是有心，只要有心，很多问题都能够解决。如果时间不够，可以从兼职做起，每星期抽出两天时间，我会教你如何运用会场力量来增加时间效益。这是每个刚开始要经营直销事业的伙伴都会遇到的问题，放心，直销就是简单的事重复做，我们也有自己的成功模式，只要用心学习，很快就能运用。在你能独立运作前，我会协助你、陪同你一起作业。当然，最重要的是你有无决心付诸行动、追求成功。”

有位年轻的妇女抱着面黄肌瘦的小孩来到诊所看医生，一进诊所就着急地问医生：“医生，我家小宝是不是有什么问题？怎么别人家的孩子都胖嘟嘟好可爱，他却老是一副营养不良的样子呢？”

这位看上去很有经验的医生抬头看了一下小孩，然后问：“吃母乳还是喝奶粉？”

“母乳，之前医生告诉我吃母乳对小孩比较好。”年轻的妇女说。

“那就是母乳有问题。把衣服脱下来，我给你检查一下。”

“医生……”年轻的妇女犹豫了，还没说完就被医生打断：“你怕什么？我们这里可是专业的医院，不用担心。”

“可是……”年轻的妇女还在犹豫，“别‘可是’了，后面还很多人呢，动作快一点好吗？”医生很坚定地催促道。

年轻妇女最后只好无奈地脱下衣服让医生检查。医生边检查边说：“看吧，问题就在这儿，你根本没有奶水，难怪小孩会面黄肌瘦，营养不良！”

年轻妇女有点生气，又有点不好意思地说：“我当然没有奶水，我只是孩子的阿姨，又不是他妈妈！”

医生把年轻妇女当成了孩子的妈妈并对其进行身体检查，实在是一厢情愿之举。经营直销的新手领导最容易犯的错误就是一厢情愿，好不容易找到一个下属，其实对方只因为产品便宜而加入，自己却很兴奋地对对方抱着极高的期待，结果只能是失望而大受打击，甚至连自己都因挫折感而“阵亡”。在经营直销事业过程中，不仅观念要对，努力要够，找对人也很重要。

要想组织发展顺利，就要让新人对组织发展有兴趣，愿意大力融入会场和组织，付出真正的努力。和新朋友沟通，清楚地将正确的经营方法告诉他，并让他明白一分耕耘一分收获，至于其他的问题，我们有绝对的诚意，也一定会给他最大的帮助。然而，一切要在合理的范围内，千万不要无限度地承诺！

（6）面对问题，解决问题

直销事业和其他任何行业一样，不可能从头到尾都风平浪静，或多或少都会遇到问题，这些问题有大有小，但是大多数都与人的因素有关。一个好的直销团队领导人，一定是勇于面对问题，并且经得起考验。尽管有问题出现，只要在问题恶化之前以有效的解决方法加以处理，那么所有的问题都是可以解决的。而且每个问题的有效解决，都对领导力的提升有很大的帮助。

遇到问题，就心生畏惧或有“鸵鸟心态”，不敢面对，只会让问题越来越严重、越来越恶化，直至达到不可收拾的地步。我在任职前公司中国区业务总监时，不管遇到什么问题，我都没有躲避过；越棘手的问题，我越愿意接受挑战。经过四年的努力，我解决问题的能力不断提升，在各方面也获得了成长。

其实，面对问题时，解决问题并不困难。解决问题要遵循以下步骤。

第一步：认清问题。

由于直销是由人支撑的，人一多事情就变得复杂。因此，当出现问题时，首先要深入了解，认清问题，以确保问题的真实性。

有一次，一位领导人来找我说：“总监，我该怎么办，我不知道哪儿做错了，我的下属现在对我都不信任了！”我问她：“你为何有这种感觉？”她回答：“上星期，有个下属因办会意见与我相左，脱口就对着我大喊，说我就是太主观了，难怪大家都对我不信任。”我就反问她：“那是这样吗？”

她说："我也不知道，可是他这么说我真的很难过，那次以后，我看到我所有下属都觉得心里怪怪的很不舒服。"听她这么说，我建议她回去从侧面先了解一下，是不是真的有这样的情况，如果问题如那个下属所说，再回来讨论解决的办法。

隔了一天，她打电话给我，告诉我其他伙伴并没有这么说，他们之所以表现不一样，是因为这位伙伴整个星期对大家的态度都很奇怪，他们也不知道该怎么回应。原来，这位和她意见相左的伙伴因个人情绪，把自己的气话套上"大家"而已。问题搞清楚了，接下来她也就知道该怎么去处理了。

由此可见，领导人在处理问题之前，一定要先避开个人的情绪与主观想法，先深入了解真实状况，再看问题是否真的存在，是不是少部分人的错觉或是情绪反应。了解事情真相，绝对不要粉饰太平，要知道问题存在的真实情况，不管大还是小，先承认问题的存在；大多数的问题现在不处理，就会像疾病不医治只会越来越恶化，而不会自己痊愈。一个好的领导就算自己能力再强、再用心，也不可能永远不犯错误，认知与承认，才能进一步寻求有效的方法来解决问题。

第二步：分析问题。

当认知到存在问题时，领导者应该深入探讨，找出问题的根源，看看是不是自己的能力范围内可以解决的。

第三步：拟订问题解决方案。

在分析问题之后，接下来就要拟订解决问题的各种方案。要列出各种解决方案，可以根据方案的解决程度与需要付出的成本，来选择最有帮助、花费代价最少的解决方案。

第四步：方案执行。

在拟订问题解决方案之后，接着就是选择方案执行计划。

有一位心理学家，为了进行一项心理测验，找来一个贫穷家庭的小孩和一个富裕家庭的孩子。这个测验是让他们同时看一幅画，画中有一只小兔子坐在餐桌旁边哭泣，一旁的兔妈妈则是面色凝重地站着。为了测出两个不同背景的小孩在思考方向上的差异，心理学家要两个小孩分别解释画中的意思。

来自贫穷家庭的小孩说："这幅画很简单，一定是小兔子没吃饱，还想要再吃，但家里已经没有东西了，所以兔妈妈也很难过。"

"不是这样的"，来自富裕家庭的小孩打断说，"这一定是小兔子已经吃饱了，可是兔妈妈为了它更健康，一定要强迫它吃更多，可是它已经吃不下了。"

由此可见，不同的人看待相同的事物，往往因为自己过往的经验或者不同角度而有所不同。因此，当我们从积极正向角度看事情时，往往会得到正向结果，产生相当大的激励作用；相反，如果从消极负面的角度去看事情，则容易感到挫折与绝望。

在与别人相处时，我们必须学会从他人的角度去看待事情，以同理心和人相处，沟通才能顺畅进行，也才不会觉得上属、下属的想法很奇怪。所以，如果有人告诉你：他做直销从来没有遇到过任何问题就做到高阶，莫名其妙就月收入7位数。请别相信；就算你相信，也别期望有这样的幸运；就算有这样的运气，也别高兴得太早。这是因为，未经磨炼的领导者，无法带给组织永久的繁荣；未有效处理过问题的领导人，无法在将来遇到问题时以临危不乱的态度处理问题。

领导人，你的名字就叫“问题解决者”，需要有“兵来将挡，水来土掩”的能力！

（7）建立共同价值愿景

一个团队，一旦建立起共同价值愿景，那么这个团队就将产生极强的凝聚力和战斗力！

我任职的四年多，业务处人员共20多人，从2013~2017年，就是业务处的这些同人跑遍了全中国，辅导了全国市场。很多公司觉得不可思议，因为这在其他直销公司可能是一家分公司的人数，但这么多年就是这20多人撑起了百亿元的市场！我非常感谢我的这支业务团队，因为每一个人都是一人当十人用，一天24小时全在工作状态。我们20多人可以办5000人、10000人大会，即使没有任何行政支持与后援，比得是谁能憋、能跑、能战，我们可以一整天不吃饭、不喝水，即使只睡一小时，只为了办成万人招商会。我的业务同人常说一句话：“老大不是带我们往天堂就是在下地狱！”这帮人能冲能拼更能赚，无怨无悔。

团队中每一个同人积极投入的工作热情与坚持，都是我所赞赏的，也让我深深感动。为什么短短4年间我们能改写公司的成长纪录，拥有最佳的表现？原因很简单，因为我们的团队非常团结，为了共同的目标前进，更重要的是，我们不断地将公司发展的愿景输入脑海，让每个人可以看到自己的未来。因此，我们每个人都充满动力与激情，我们要成为公司最优秀的部门，也要把公司团队带成中国直销行业中最棒的团队，同时也帮助自己成为最顶尖的超级专业经理人。

直销组织要想有效发展，就必须让伙伴看到未来可以达成的愿景以及完成的目标、方法。我们要让组织有清晰有力的共同愿景，并且将这愿景有效传达，这样才能激起所有伙伴的实践动机与动力。在发展组织共同愿景时，重要的是要尊重他人的意见，将异议融入共同愿景中，让每位伙伴能参与愿景规划，让我们的共同愿景成为每个伙伴渴望完成的理想而非少数人主观的愿景。

每个组织成员不仅是团队完成目标不可缺少的个体，更是组织中重要的人力资源，因此每个组织成员都应该理解团队共同的归属，知道方向在哪里、自己要做什么。只有这样，我们的伙伴才能充满行动力，我们的组织才能充满活力。因为大家知道随着组织愿景的达成，个人目标也随之达成。愿景，带给组织活力，也带给组织成员无限希望！

小故事

国外某大学校董事会决定，莱西成绩太差，秋季开学后，不能再回去上课了。

莱西的父亲知道这一消息后，跟院长取得了联系，依然没有改变董事会的决定。院长说：“莱西确实不错，但他不适合设计专业，不可能成为优秀的设计师。我建议他去从事自己擅长的职业，比如，可以继续留在他周末打工的那个食品杂货店里。”

莱西想申请重读，但学校没有回复。莱西感到心烦意乱。一路走来，他从来都没有遭受过挫折。高中时他在学校很受欢迎，成绩优秀，不费吹灰之力就被这所大学录取。

父亲虽然只有高中文化，但他热爱学习，他知道自己的儿子非常想成为一名设计师，于是建议莱西考虑另一所学院，那儿开设晚上课程。

虽然父亲的建议切合实际，但严重伤害了莱西的自尊，因为两所大学实力悬殊。如果说前者是大象，那么后者只是一只小鹿。但是，莱西最终还是去见了这所学院的院长。院长允许莱西注册入学，前提是他得重修一年级的所有课程。

为了抓住第二次机会，莱西加倍努力地学习，并且对设计产生了浓厚兴趣。第二年，教这门课程的教授过世，莱西破天荒地应邀接任了他的课程。后来，通过努力，莱西还获得了博士学位。

故事启示与直销心法

在胜利前止步，只能拥抱失败；在困难时坚持，多半都会获得成功。困难不可怕，可怕的是被困难吓破了胆。直销行业，没有失败者，只有自我放弃者。从容地着手一件事，一旦开始，就要坚持到底，直至成功。

后 记

记得 2013 年在制订公司 2014 年业绩目标时，我设定的年度目标是 9 亿元，而公司某位行政高管看到我的目标时告诉我的助理：“去告诉你家老大不要野心那么大，害大家年底领不到绩效。”当时公司也没什么信心，把我的目标与预算调到 6 亿元，即使如此，我一样拿着 6 亿元的预算，依着我自己的脚步全力冲刺，当年完成我自己设定的目标 9 亿元。我很喜欢一句话：“只有偏执狂才能生存。”偏执狂，就是人家说你不行，你却以坚定的毅力告诉自己绝不回头，遇到困难，一定咬紧牙关冲过去。最后你实现了自己的愿望，令那些说你不行的人傻了眼、闭了口！

事实上，我们在一个行业里做得越杰出，空间就越大，也越受人尊重。在人生的道路上，每个人可以创造、可以突破的地方很多，在比赛结束之前，胜负都还未定。许多棒球比赛在结束之前，还会出现“再见本垒打”，来个大逆转，战胜原本领先的队伍。

我从事直销 30 多年，经历过很多风风雨雨，生命过程总有许多挫折，跌倒了再站起来。自来到中国大陆这几年，我每天都在不断思考如何提升社会对直销产业的认同度与直销产业的整体竞争力。因为我深信，未来中国直销行业将迎来专业导向的时代，专家才是赢家。身为专业经理人，眼界格局不能只放在获利中，而应该思考如何强化核心竞争力，让每个人都能深刻理解进而体会直销真正的意义，让原本对直销有错误认知的人从了解到认同甚至开始经营，帮助大家改变命运，帮助失败放弃的伙伴选择公司，跟随对的团队进入事业，掌握成功的方法与模式，让中国直销事业的追随者引领中国直销的发展与创新，引领全球。这是我的渴望，也是我的梦想。

直销事业的经营，直销企业的成立，是社会的责任，更是大众的期望。我不会忘记自己的初心，也不会忘记对直销使命的坚持。人心装上翅膀，才能飞向远方。身为直销人，让我们装上信心的翅膀，让信心带着我们勇敢高飞。

“坚持初心，莫忘初衷”——以此与大家共勉！

陈美琪

2019 年 11 月 29 日